DIGITAL
ECONOMY
DEVELOPMENT
SERIES

数字经济
发展丛书

裘　莹◎著

数字经济发展

促进价值链攀升

THE
DEVELOPMENT OF
CHINA'S DIGITAL ECONOMY
PROMOTING
THE UPGRADE IN
GLOBAL VALUE
CHAINS

本书得到国家自然科学基金地区项目“数字价值链的微观企业传导机制研究：理论构建、治理框架与动态演进”（72063013）、教育部人文社会科学研究青年基金项目“数字经济的产业诱导效应与我国制造业高质量发展：微观机理与实现路径研究”（20YJC790108）与江西省“十三五”社会科学规划项目“数字经济的产业诱导效应与生产性服务业价值链攀升——以江西省服务业企业为例”（19YJ39）等课题的资助。

经济管理出版社
ECONOMY & MANAGEMENT PUBLISHING HOUSE

图书在版编目（CIP）数据

数字经济发展促进价值链攀升／裘莹著. —北京：经济管理出版社，2020. 12
ISBN 978-7-5096-7662-2

Ⅰ. ①数…　Ⅱ. ①裘…　Ⅲ. ①信息经济—作用—中小企业—企业发展—研究—中国　Ⅳ. ①F279. 243

中国版本图书馆 CIP 数据核字（2020）第 245117 号

组稿编辑：王光艳
责任编辑：尹珍珍
责任印制：黄章平
责任校对：董杉珊

出版发行：经济管理出版社
（北京市海淀区北蜂窝 8 号中雅大厦 A 座 11 层　100038）
网　　址：www. E-mp. com. cn
电　　话：（010）51915602
印　　刷：唐山昊达印刷有限公司
经　　销：新华书店
开　　本：720mm×1000mm ／16
印　　张：11
字　　数：181 千字
版　　次：2020 年 12 月第 1 版　　2020 年 12 月第 1 次印刷
书　　号：ISBN 978-7-5096-7662-2
定　　价：68. 00 元

联系地址：北京阜外月坛北小街 2 号
电话：（010）68022974　　邮编：100836

前言

随着5G、人工智能、工业互联网等全新数字技术的日益普及，数字经济时代逐渐来临。数字经济主要包括支持性数字基础设施、消费端的电子商务交易，以及供给端的数字化业务流程。数字经济背景下，数字产品作为免费商品能提高消费者剩余，同时作为通用技术对传统非数字部门企业生产率带来“J-曲线”效应，已成为重塑全球价值链的新引擎。本书基于价值链治理理论和升级理论的前沿研究，着重构建核心数字部门向价值链上下游进行传导，给数字领导企业和供应商的组织模式选择带来了一定的影响。

第一，本书基于全球价值链治理理论和升级理论构建数字经济促进企业价值链攀升的机制。首先，在数字经济背景下，全球价值链的重构呈现三大典型特征：以近岸外包为主、再外包为辅的区域化趋势，复杂价值链收缩，以及以即时制供应链和数字平台为核心驱动力的治理结构变化。本书分别从价值链治理理论的要素禀赋、投入产出结构、价值链治理和升级、地理距离、国内制度与相关政策五个维度分析数字经济影响全球价值链重构的理论机制。其次，我国中小企业沿价值链攀升面临高额固定成本和低端锁定风险，亟待将数字经济作为转型升级的新引擎和新动能。本书通过梳理数字经济推进中小企业价值链升级的成本节约效应、价值创造效应、网络连接效应和价值链治理效应，刻画了数字经济促进中小企业价值链攀升的动态机制，包括四大阶段，即初始连接阶段、全面发展阶段、层级跃升阶段和高水平参与阶段，最终升级成为掌握技术前沿、成熟实施模块化交易的价值链主导企业。

第二，本书采用产业分析方法对信息技术产业的发展现状进行了全面分析。首先，采用 SCP 产业组织分析方法分析了软件与信息技术服务业的市场结构、市场行为和市场绩效，在企业层面分析软件业产业结构变迁和领导企业行为与绩效。其次，采用投入产出分析方法测算了信息技术产业的直接消耗矩阵、分配矩阵和完全需求矩阵及其相关系数，测算了数字产业化的产业关联效应。

第三，本书采用国际比较的方法，分别从国家和地区两个维度梳理了发达国家和数字经济发达地区的数字经济发展先进经验，得出以下结论：数字经济已经成为美德日等发达国家的国家战略，并且为本国中小企业智能制造和业务流程数字化提供了极大的政策支持；地方在发展数字经济时注重构建本地数字产业生态系统，从要素供给、科研创新和数字产业化方面均搭建了完善的产业发展环境。

第四，本书针对我国数字经济发展战略提出了相应的政策建议：做好规划布局，加快构建高质量数字产业链；立足我国区域价值链中心的区位优势，打造全面开放的数字市场；发挥制度创新引领推进数据要素自由化的作用等。

目录

第一章

绪　论

第一节 研究背景与意义

一、研究背景

数字经济是以信息和知识的数字化编码为基础，以数字化资源为核心生产要素，以互联网为主要载体，通过信息技术与其他领域紧密融合形成的以信息产业以及信息通信技术对传统产业提升为主要内容的新兴经济形态，正日益成为引领经济发展新常态的重要支撑和我国全新经济发展战略的重要抓手。在数字经济迅猛发展的时代背景下，如何把握机遇、迎接挑战，对加快中国经济转型升级，促进双循环和内循环发展至关重要。

党的十九大以来，以习近平同志为核心的党中央准确把握时代脉搏，积极回应时代需求，信息化发展战略、国家大数据战略、“互联网+”行动计划、数字中国、数字经济战略、新基建等加快部署，全国各省市自治区积极发展数字经济，加速推动传统产业转型升级。本书提出在外部需求不确定性加大、贸易保护主义抬头的背景下数字经济促进我国传统产业和企业价值链攀升，国内价值链与全球价值链实现双循环，国内价值链一体化，对实现制造业“低端锁定”破局具有极为重要的理论与现实意义。

二、研究意义

（一）理论意义

第一，中美贸易战等逆全球化现象凸显，中美技术脱钩风险加剧，我国制造业面临国际与国内双重压力，亟待向价值链中高端持续攀升。自 20 世纪 90 年代以来，我国成为全球价值链推进的全球产业分工中较大受益国之一，我国制造业充分享受全球价值链红利，形成规模庞大、工业体系健全、劳动生产率较高的格局。但是，2014 年以来，中美贸易战等逆全球化现象凸显，中美技术脱钩风险加剧，我国制造业面临国际与国内双重压力。对内，我国制造业“大而不强”，高质量产品供应不足，长期处于全球价值链加工制造业等中低端环节，深受技术“卡脖”之痛，随着要素成本不断上升，低成本要素驱动模式难以为继；对外，发达国家积极推行再工业化战略，推动制造业回归，其他发展中国家以更低的成本吸引我国制造业进行再转移，形成了发达国家围堵和发展中国家追赶的局面。目前，制造业发展进入到了“爬坡过坎、不进则退”的关键关口，势必要向价值链中高端环节持续攀升。

第二，传统产业企业缺乏规模经济，参与价值链分工面临高固定成本，数字经济等新技术能够降低企业生产成本，提高劳动生产率，成为企业高质量发展的新引擎。根据企业异质性理论，参与价值链分工的高固定成本将广大缺乏规模经济的中小企业排除在价值链分工参与之外，具体包括融资限制、贸易政策信息不对称、软硬件基础设施不完善及缺乏数字化营销和生产技术等。同时，应当注意，发展中国家与发达国家之间存在数字鸿沟，价值链主导企业将信息通信技术作为获取和巩固市场势力的来源之一，需要通过进一步铺设完善的数字化基础设施来加强数字连通性。

大力推广数字经济可以全面降低企业的贸易成本，促进其高质量发展和价值链升级。数字经济是指通过互联网媒介和电子商务平台开展商品和服务贸易。例如，在线和移动银行、众筹等新的融资工具可以缓解制造业企业融资难题；中小企业网络平台可以交流信息并降低监管合规成本，缓解信息不对称；高效的互联网与移动互联基础设施将弥合发展中国家与发达国家之间的数字鸿沟；电子商务可以改造供应链体系，通过在线购买高频率小批量货物来减少库存（Lanz et al.，2018）。利用数字经济新技术对传统制造业企业进行全流程、全链条改造，提高制造业的数字化、网络化和智能化发展水平，大幅提高劳动生产率和附加值，全面提升制造业的国际竞争力。

（二）实践意义

第一，识别数字经济的产业传导效应，帮助我国政府和企业明确数字经济改造传统产业链的传导机制和生态体系。数字经济时代，数字技术已成为继蒸汽机、电力、计算机技术之后的第四代通用技术。数字价值链由传统的线性价值链转变为以数字平台为核心的闭环价值链，同时，数字价值链向传统产业的渗透将模糊原有产业边界。但是，目前关于数字经济的研究大多是案例研究或理论探讨，其价值链形态、上下游企业围绕数字平台的连接形式，数字领导企业和供应商在价值链治理中的权力构成均有待进一步探讨。

本书从数字价值链创造价值的业务环节出发，刻画数字基础设施、数据搜集、数据可视化、数据分析和数字化应用等业务围绕数字平台构建数字价值链的生态体系，为打造数字政府和扶持非数字部门企业数字化转型升级提供可操作的指导框架。

第二，从全球价值链以及我国所处价值链分工位置的现状出发，分别从需求侧和供给侧构建完整的数字经济发展的政策体系。数字经济的良性发展需要两大基本保障：一是持续升级的数字基础设施。例如，互联网宽带、5G 网络等保障中小企业以较低成本保持与数字价值链的持续连接，跨越数字鸿沟；二是非数字性政策体系保障数字非竞争性带来的高度垄断不会损害公平竞争的市场环境。

本书分别从需求侧和供给侧出发，构建包括数字连通性、竞争政策、税收政策、贸易政策和双多边贸易协定在内的数字经济政策体系，限制数字平台垄断，进行合理监管和征税，以及尽快推动数字技术产业化，构建保障我国企业在数字价值链中持续获取价值，进而不断升级的支持性制度。

第二节 相关文献综述

一、微观企业层面的全球价值链理论与测度

全球价值链理论分为全球价值链治理理论、生产过程分节化理论和增加值贸易核算体系，本书重点梳理微观企业价值链的文献体系。

（一）全球价值链治理理论的分析框架

全球价值链治理理论采用企业案例调查和归纳法来构建概念框架。

1. 价值链治理理论的完整框架

继 Gereffi、Humphrey 和 Sturgeon（GHS，2005）的奠基之作后，理论体系经历了两次重大拓展：首先，Gereffi 和 Fernandez-Stark（2019）将价值链治理理论归纳为自上而下的治理理论和自下而上的升级理论。其次，Ponte 等（2019）将价值链治理归纳为驱动力、链接方式和标准制定三部分，将传统领导企业和供应商两极拓展为多极。

2. 治理理论的最新演进

①打破价值链可以持续升级的内生性偏见，明确提出价值链降级，并将原因归纳为：南南网络复制南北分工时降低产品技术来满足新市场需求；国际资本撤离欠发达地区；最不发达国家难以参与价值链（Werner and Bair，2019）。②打破 GHS（2005）的企业边界外生选择假设，将领导企业的外包/纵向一体化选择纳入治理理论，为模型化价值链治理理论框架提供了可能（Sako and Zylberberg，2019）。③ 研究目标由企业沿价值链升级转向价值创造和获取。相比价值链升级，企业以在价值链中获取价值或利润为目标更符合实际（Kaplinsky，2019）。④将 GVC 理论与创新系统理论、企业技术能力理论结合，提出企业沿价值链升级的必要条件和演进系统（Lema et al.，2019）。

（二）基于异质性企业假设的价值链理论建模

Antràs 和 Chor 等学者致力于将异质性企业理论模型纳入全球价值链生产环境中。

1. 采购地点决策的理论建模

Antràs 等（2017）发现生产率越高的企业越倾向于从多国进行采购，以便降低总生产成本。Antràs 和 de Gortari（2017）发现一国价值链中心度和下游度之间呈显著正相关，企业把下游阶段布局在蜘蛛型价值链的中心国家，以便降低运输成本。Baldwin 和 Venables（2013）以及 Tyazhelnikov（2016）也证实了运输成本为正使企业倾向于在某一国集中所有生产阶段，而非单独考虑各阶段的生产成本最小化。洪俊杰和商辉（2019）证实了中国已在发达国家和发展中国家的价值链“共轭环流”中的枢纽地位。

2. 组织模式决策的理论建模

Antràs 和 Helpman（2004）将公司按照生产力水平分为四种组织模式：国内外包、国内一体化、国外外包和国外一体化。生产率最高的企业是完全一体化的跨国公司。Antràs（2003）发现，劳动密集型行业的供应商创造更高价值，领导企业倾向于外包；资本密集型行业中技术或资本价值较高，企业更倾向于纵向一体化。Antràs 和 Chor（2013）提出序贯互补和序贯替代两种组织模式选择方式，分析领导企业对价值链上下游供应商的组织模式选择条件。

3. 福利分析理论建模

福利分析一般采用一般均衡模型进行理论建模。Arkolakis 等（2012）发现贸易成本下降同时降低了最终品价格和中间投入成本，中间品贸易将带来更大福利。Costinot 等（2013）认为生产率更高的国家将集中布局全球供应链更下游环节，以降低在前期生产阶段中大量产品价值因为决策失误而带来的损失。Melitz 和 Redding（2014）认为在连续生产的多阶段环境下，贸易福利收益随着阶段数量增加可能无限大。Antràs 和 de Gortari（2017）构建并估计了包括多国多阶段的一般均衡交易的结构模型。Antràs 和 Chor（2017）通过仿真模拟分析贸易成本下降对各国在全球价值链中布局的影响。

（三）企业价值链测度方法

1. 基于国际投入产出表的测算框架

全球价值链测算体系主要分为基于贸易总额的测算指标和基于增加值/最终产品的测算指标。Inomata（2008）以及 Escaith 和 Inomata（2013）最早提出衡量经济体的相对生产位置的指标。Fally（2012）、Antràs 和 Chor（2013）、Fally 和 Hillberry（2015）共同构建了基于贸易总额的全球价值链位置指数的测算框架。Antràs 和 Chor（2018）采用结构模型对价值链位置指数进行了修正，提出了涵盖上游度和下游度的测算框架。KWW（2014）、王直等（2015）把贸易总额分解为四大层次 16 项增加值，构建总贸易核算法的新框架。然而，Wang 等（2016，2017a，2017b）构建了基于增加值前线关联和最终产品后向关联的新测算框架，并测算相应的价值链参与度、位置和长度指数。绘制微笑曲线也可以展示国家/部门层面增加值收益和分工位置（Ye et al.，2015；Meng et al.，2017）。林桂军和何武（2015）发现与 2002 年相比，2011 年中国装备制造业的全球价值链地位指数提高了约 43%。刘斌等（2016）发现制造业服务化提高了我国企业价值链参与度和价值链位置。陈旭等（2019）发现多中心结构对中国全球价值链地位的影响存在先抑后扬的 U 形特征。

2. 基于企业异质性部分学者测算了企业层面价值链升级指标

Tang 等（2015）构造了企业层面国内增加值率（DVAR）指标，指出中国企业在出口中国内增加值的不断提升源于成功实施进口替代战略。毛其淋和许家云（2019）发现贸易自由化显著提高了企业出口的国内附加值率。张杰和郑文平（2017）发现进口促进了一般贸易企业的创新活动，但抑制了加工贸易企业的创新活动，而出口未对中国本土企业的创新活动产生显著影响。吕越等（2015）发现高效率企业更倾向嵌入全球价值链，而融资约束则会形成阻碍。

3. 将出口产品质量作为测算价值链升值的新指标

Stiebale 和 Vencappa（2018）采用倾向匹配得分方法将生产率、价格加成、边际成本和产品质量生成新的产品质量指标。Piveteau 和 Smagghue（2019）采用实际汇率为权重的加权进口额作为产品质量的工具变量。Fieler 等（2018）采用结构模型方法构建一般均衡模型，将中间投入纳入产品质量升级的函数，并通过仿真模拟来测度产品质量。

二、数字经济定义与相关政策的研究现状

（一）数字经济的定义

近期文献对数字经济的内涵与外延进行了清晰界定。Bukht 和 Heeks（2017）将数字经济划分为核心、狭义和广义三个层次，分别是指“数字部门”“数字经济”和“数字化经济”。OUP（2017）将数字经济定义为通过互联网媒介和电子商务平台进行的商品和服务贸易，包括支持性基础设施、电子业务流程和电子商务交易三大部分。UNCTAD（2017）从企业层面将数字经济界定为包括信息通信技术（ICT）企业和数字企业。第一，ICT 企业为数字活动提供网络基础设施和架构，包括制造硬件和软件的 IT 公司以及电信公司。第二，数字企业是指在信息技术（IT）行业中运营的公司，以互联网作为运营核心，包括纯数字业务以及混合业务。其中，纯数字业务包括互联网平台和数字解决方案。然而混合业务包括电子商务和数字内容。裴长洪等（2018）认为数字经济特征包括网络效应、范围经济、低交易成本和“创造性毁灭”。根据 UNCTAD（2017）的定义，数字

经济业务增速与其互联网使用强度成正比，具体见图 1-1。

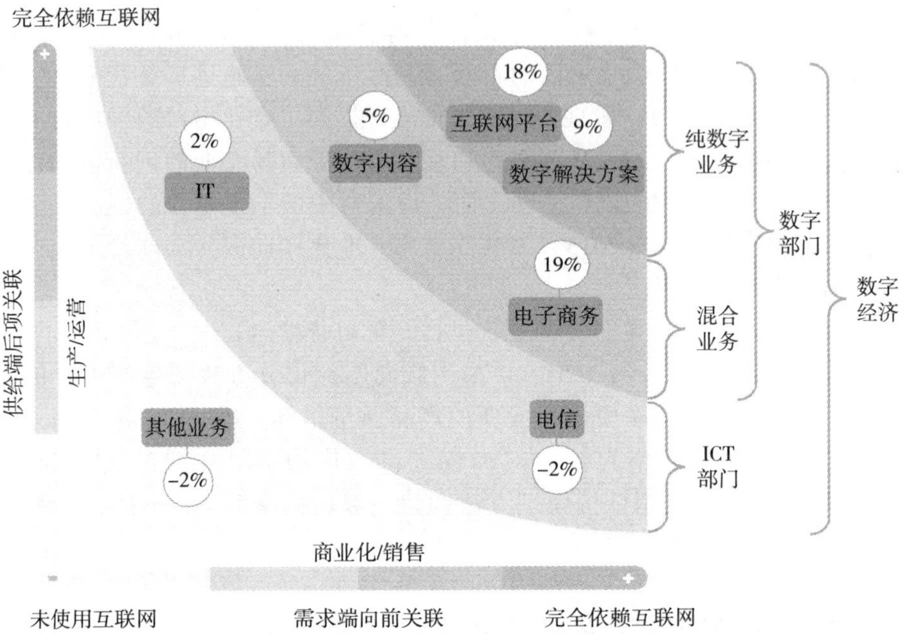

图 1-1　数字经济的细分部门及其 2017 年收入增长率

资料来源：UNCTD 外国直接投资/多国企业数据库。

(二) 数字经济相关政策

众多学者认为对促进数字经济发展应该构建政策体系来加以保障，具体包括以下几方面：第一，财政政策。减少数字化非竞争性带来收入不平等的最直接手段是财政政策，尤其是税收政策，但其弊端在于不能区分竞争性市场租金和超额市场租金，对基于创新的租金征税可能会阻碍对创新的投资。因此，消除竞争壁垒，在事前消除租金更为有效（Bas et al., 2017)。王勇等（2020）构建动态博弈模型分析了政府和平台企业的监管方式差异对卖家质量选择与监管激励的影响，发现两者监管力度并非简单的互补或替代，两者关系取决于处罚强度、平台规模、连带责任等参数。第二，竞争政策。首先，促进资源和生产要素的高效利用，通过广泛的市场准入鼓励竞争，打造公平竞争的一般性营商环境（World Bank, 2016)。

其次，应当加强数字平台监管，推动平台间数据衔接来保障依托平台的中小企业的公平竞争（Lanz et al.，2018）。第三，创新激励政策。租金对于创新很重要，法国的有效做法是支持亏损抵免 R&D 税收等向初创企业倾斜的政策（Ferencz，2019）。然而美国小企业创新研究 SBIR 计划降低数字化企业的准入门槛（Ferracane and van der Marel，2018）。第四，打造数字政府。电子政务和数字政府能够有效内化政务流程，有效降低数字企业交易成本。其具体措施包括：以信息为中心全面实现政府文件数字化（GSMA，2016）；以政府采购方式来购买数字化硬件和服务（UNCTAD，2017）；要求政务数据可以随时访问并且保证准确（World Bank，2016）。赵云辉等（2019）基于交易成本理论和制度理论，实证验证了大数据发展水平有助于政府绩效的提升并抑制腐败行为，但对监管质量和法制水平的影响作用不显著。第五，网络安全政策。美国制定数字隐私控制标准化实施指南，确保基于居民个人信息取得的数据安全（Campbell et al.，2015）。德国政府通过构建全面的网络安全政策框架，注重保护德国企业的数据主权（Frank et al.，2019）。日本制定国家网络安全政策，并鼓励企业积极参与网络安全投资（Atkinson and Stewart，2013）。

三、数字经济测度与实证分析的相关研究

（一）宏观层面测度

中国通信研究院（2017）将数字经济区分为数字产业化和产业数字化两大部分。其中，数字产业化是将信息通信产业范畴内所有细分部门增加值进行直接加总，主要包括电子信息设备制造、电子信息设备销售和租赁、电子信息传输服务、计算机服务和软件业、其他信息相关服务等。然而产业数字化测算了数字技术与其他产业融合后给非数字产业带来的产出增加和效率提升。采用增长核算账户框架（KLEMS），计算 ICT 和非 ICT 资本存量、劳动以及中间投入，得到生产函数并计算所有生产要素的报酬之和，并计算总产出。蔡跃洲（2018）按照“先增量后总量、先贡献度后规模”的思路，将增长核算与常规 GDP 核算方法相结合，构建了全新的测算框架。

（二）微观层面测度

此类文献主要分为从需求侧和供给侧两方面进行测度。

1. 从需求侧测算，大多采用消费者剩余来测算数字商品福利

测算方法主要包括：第一，获取大型电商平台的交易数据来测算在线销售带给消费者的多样化及便利度福利。Brynjolfsson 等（2003）发现增加品种比竞争价格效应对消费者剩余带来的收益大 7~10 倍。Brynjolfsson 和 Oh（2012）估计仅免费数字服务的价值就占全国消费的 1%。Quan 和 Williams（2018）发现忽略不同区域消费者需求差异和本地零售商作用会高估在线品种带来的收益达到 75%。Dolfen 等（2019）通过消费者行为二元选择模型发现在线交易便利性带来的收益约为消费者支出的 0.4%。Jo（2019）发现 2014 年日本电子商务带来的福利收益占消费支出的 0.3%。第二，采用在线选择实验，搜集代表性消费者样本，测算在线商品的支付意愿（McAfee and Brynjolfsson，2012）。Brynjolfsson 和 Collis（2018）发现 Facebook 自 2004 年带来的福利收益将使美国的 GDP 每年增长近 0.5 个百分点。Brynjolfssona 等（2019）通过采集美国 Facebook 用户样本，发现中位数用户需要约 48 美元的补偿才能放弃 1 个月的 Facebook 服务。

2. 从供给侧测算，将数字技术转化为要素从全要素生产率中分离出来

Brynjolfsson 等（2017）认为 AI 资本将产生"J-曲线"效应，但是创新的滞后效应可能导致生产率停滞。Tambe 等（2019）认为 IT 劳动力报酬占公司总资产的 25%，但仅一小部分属于超级巨星公司。Brynjolfsson 和 Mcelheran（2019）发现大数据驱动决策与生产率收益存在因果关系。同时，Benzell 和 Brynjolfsson（2019）发现数字化趋势降低了劳动力和资本的边际成本，却使缺乏供给弹性的天赋获得高度不平等的回报。

（三）实证计量分析

Couture 等（2018）采用中国电商数据进行随机对照试验（RCT），发现在线消费对农村用户福利的增加主要来自交易成本的下降。沈国兵和袁征宇（2019）在异质性框架下发现企业互联网化显著提升企业创新能力，且通过创新选择间接促进企业出口。张勋等（2019）发现数字金融的发展为农村居民带来了创业机会的均等化，促进了中国的包容性增长。谭用等（2019）验证了互联网效应的区域性外溢特征，并衡量了互联网深化外溢

的福利效应。何帆和刘红霞（2019）发现数字化变革显著提升了实体企业经济效益。Allcott 等（2020）通过社交媒体用户抽样发现线下活动对社交媒体有替代性，忽视线下活动的收益可能夸大在线活动带来的消费者剩余。

四、数字经济影响价值链机制的研究现状

（一）数字经济的贸易成本效应

数字商品具有免费商品属性，Baldwin 和 Forslid（2010）将贸易成本分为三大层次：运输成本、信息成本和面对面成本。第一，数字经济降低运输成本，但距离的影响依然存在。数字技术大大降低地理距离的影响，但是并未完全消除（孙新波等，2019）。线下零售需求、文化差异（Sinai and Waldfogel，2004）与高度本地化的社会网络（Hampton and Wellman，2003）依然是在线交易的重要影响因素。第二，数字经济使信息成本大幅度降低到甚至接近于零。信息搜寻成本低至接近于零带来长尾效应和巨星效应（Yang，2013），且减少同质性产品的价格分散（Parker et al.，2016）。复制成本趋于零使得免费开源分享的公司扩大附加服务销售（Goldfarb and Tucker，2019）。数字技术跟踪个人行为，快速创建一对一市场（Taylor，2004），并促进广告精准推送（Lewis et al.，2015）。数字经济降低验证成本，通过在线声誉系统帮助企业创建数字声誉（Gordon et al.，2019）。第三，数字经济通过组合创新降低面对面成本。数字技术通过长距离远程交付降低服务贸易的邻近约束，使跨境交付（模式 1）对商业存在（模式 3）的替代效应增强（Baldwin，2019）。视频会议技术与实时翻译技术的结合将大大促进国际远距离通勤。eBay 数字平台通过采用机器翻译（eMT）使出口增长了 10.9%（Brynjolfsson et al.，2020）。第四，数字创新还大大降低了创新成本。IT 技术同时降低了生产、管理和交流新知识等的入门成本（何大安，2018）、下游成本和扩展成本，但是却增加了发明成本。因此，成本曲线呈现固定成本提高，边际成本逐渐趋近于零的水平线特征（Eaton and Kortum，2018）。第五，数字连通性降低企业参与价值链的固定成本。发展数字经济的基本保障是提供数字基础设施和维持竞争性市场（WTO，2019）。数字基础设施，特别是广泛连接的高速宽带网络已成为国家竞争

力的核心（刘业政等，2020）。同时，实施竞争政策，例如，简化企业注册制度，提高市场透明度，减少价格合谋等能够有效缓解数字化非竞争性带来的市场垄断（Freund and Weinhold，2004；Samek et al.，2017）。

（二）数字经济的生产率提升效应

第一，数字技术是通用技术，与传统要素结合带来要素增强效应。信息技术使自动化资本代替劳动（Autor et al.，2013），但同时增加新任务来雇佣更多劳动力（Acemoglu and Restrepo，2019）。曾繁华和刘淑萍（2019）发现互联网抑制了劳动密集型制造业比重，促进了资本和技术密集型制造业比重。同时，数字技术增加了资本对劳动的替代率，且增加数字技术设施投资，将提高短期利率（Czernich et al.，2009；Acemoglu and Restrepo，2018）。第二，数字技术还带来结构效应。Acemoglu 和 Restrepo（2019）发现数字技术增长使增加值从制造环节流向服务环节，带来生产率结构性提升。李捷等（2017）证明了使用信息技术的密度高导致制造业的全要素生产率提升。魏艳秋等（2018）发现信息技术服务作为要素投入尚未达到最佳比例，制造业效率尚有不足。第三，数字技术加强价值链模块化趋势来提升生产率。数字技术在非数字部门普及异质性标准和协议来提升价值链模块化程度（谢富胜等，2019），使得传统行业更容易通过离岸外包方式实现组织间和区域间的协同，提升产业生产率（Sturgeon，2019）。

（三）数字经济的产业关联效应

第一，数字经济通过前向关联降低企业分销成本，提升其网络效应。数字公司通过网络效应来创造价值（Brouthers et al.，2016）。数字化在价值链下游为企业提供了去中介化的机会，通过数字平台直接连接最终客户（UNTCAD，2017）。数字经济使价值链治理模式由传统的消费者驱动或生产者驱动转变为平台驱动模式（Wu and Gereffi，2018）。第二，数字经济通过后向关联对企业供应链进行数字化改造。数字技术将传统的线性供应链改造成以数据分析为核心的一体化供应链生态系统（GVC Development Report，2019）。通过基于物联网（IoT）的传感技术，可以实时追踪客户需求（Cirera and Maloney，2017）。第三，数字化非竞争性加剧数字鸿沟，造成“赢者通吃”的市场结构。一方面，创新租金赋予创新者包括知识产权、品牌声誉等先发优势，带来“赢者通吃”的市场结构（Guellec and Paunov，2017），但高度集中于大型数字企业的高管人员和股东手中；另一方面，创新成本降低也将增加市场进入和创造性毁灭，降低市场集中度。两种力量的对比取决于技术创新速度、企业战略和政府政策（Katz and Krueger，2016）。

(四) 数字经济的空间溢出效应

第一，数字技术强化柔性生产，导致价值链布局更加区域化和碎片化。首先，数字企业总部高度聚集于以美国为首的发达国家，从而加剧全球价值链分割为区域价值链的趋势（UNCTAD，2017）。其次，柔性生产与分布式生产推动微型工厂加速发展，按订单生产商品，将出现基于社区的生产中心或微型工厂，更加接近终端消费者（王梦菲、张昕蔚，2020）。第二，开放式创新将促进供给端的网络效应。开放式创新是指创造免费数字开源信息的众包行为（Chesbrough et al.，2006）。工业互联网基于云平台与边缘计算打通全产业链数据，将构建基于数据的全新协同创新系统，改造技术溢出的方式和规模（Brynjolfsson and Collis，2019）。

五、文献述评与发展趋势

总体上，学术界围绕数字经济与价值链相关领域积累了大量理论基础与实证经验。同时，现有研究在以下方面还存在进一步完善的空间，具体参见图 1-2。

第一，价值链理论和测度中鲜少考虑数字经济作为全新驱动力和治理结构连接者的关键作用。现有价值链理论和测度均较为完整，但是较为缺乏以数字经济发展视角考虑其对价值链结构重塑的关键作用。数字经济以其免费商品和通用技术两大典型特征同时提升消费者剩余和生产者剩余，并将经由同类部门、上游部门和下游部门对非数字产业进行价值链传导。这一关键机制有待进一步进行理论梳理，以及通过实证数据进行量化验证。

第二，现有经济学文献大多默认在数字经济中企业将必然选择价值链升级，而忽视了价值链治理理论中强调的升级必要条件和配套政策体系。从微观视角考察企业战略选择，企业创造和获取价值的动机优先于价值升级，事实上企业价值链升级需要全球价值链连接、本地创新系统扶持和企业自身学习能力的密切协同才能获得，处于全球价值链外围区域的企业往往选择维持价值链位置甚至降级以保障持续的收益。数字经济将进一步加剧中心——外围格局中的不平等性，因此应当重点关注企业获取收益和持续升级的区域性协同机制和政策体系的构建，以保证我国企业既能享受数字经济带来的网络效应和生产率提升，同时持续获得平等竞争的市场环境。

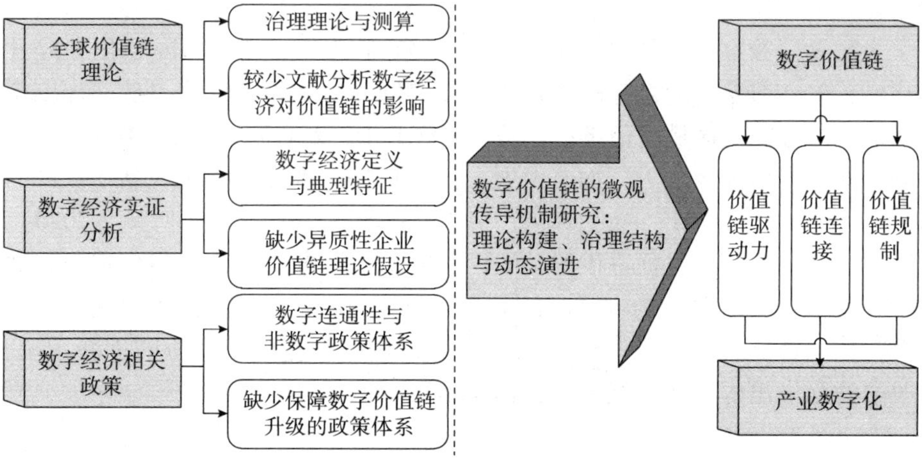

图 1-2　相关研究的学术史梳理与本书的拓展空间

资料来源：笔者整理绘制。

第三节 研究内容与方法

一、研究内容

本书共分为九章，各章具体内容如下：

第一章是绪论。主要介绍本书的研究背景与意义、现有文献综述、研究内容与方法，以及创新点和不足之处。

第二章是数字经济下全球价值链重构趋势及中国对策。从战略层面阐述了数字经济兴起之后全球价值链重构的典型事实，梳理了数字经济促进全球价值链重构的理论机制，并且给出数字经济下，加强中国作为区域价值链中心地位的战略路径。

第三章是数字经济创造价值的核心驱动力与路径分析。本章重点阐述数字经济创造价值的两大核心驱动力：数字平台与数据要素。首先，分析数字平台，改造传统价值链模式，打造以数据平台为核心的价值链生态系统，分析我国发展全球领导型数字平台所面临的挑战和关键因素，并提出相关政策建议。其次，明确数字的要素属性，提出发挥数据要素生产力促进效应的政策路径。

第四章是数字经济推进我国中小企业价值链攀升的机制与政策研究。本章基于全球价值链升级理论，分析了中小企业沿价值链攀升的现状与困境，梳理了数字经济推进中小企业价值链攀升的理论和机制，最后给出数字经济，促进我国中小企业价值链攀升的政策建议。

第五章是数字产业化分析。本章以信息技术产业为例采用产业分析方法对数字产业化进行测算和剖析。首先，对软件和信息技术服务业进行 SCP 分析，测算了软件行业的市场结构、市场行为和市场绩效。其次，采用投入产出分析方法对信息技术产业进行产业关联分析，测算了产业结构特征指标和产业关联特征指标。

第六章是工业物联网的价值链构成分析。本章基于全球价值链治理理论，给工业物联网构建了价值链概念框架，分析了构成工业物联网价值链的各个组成部分及其连接机制，最后以西门子 Mindsphere 产品为例分析了工业物联网产品所处的价值链位置。

第七章是新冠肺炎疫情冲击下数字经济提振我国服务业的实施路径。本章分析了全球新冠肺炎疫情蔓延对服务业造成冲击的路径，并分别从短期效应、中期效应和长期效应分析数字经济对服务业复苏和增效的促进方式，并给出相关政策建议。

第八章是发展数字经济的国际、国内先进经验借鉴。本章分别从国家和地区两个维度，探讨发达国家和数字经济先进地区发展数字经济的先进经验。首先全面梳理了美国、德国和日本对数字经济发展的顶层设计和政策实施路径；其次以美国旧金山、德国柏林市和我国广东省深圳市为例，探讨地方政府推进数字经济发展的有效模式和良好生态。

第九章对本书的主要结论进行了梳理，最后给出政策建议。

二、研究方法

（一）数字经济的价值链概念构建

第一，数字经济的价值链概念构建需要关注四个关键部分：①数字价值链的增值活动或业务功能；②供应链；③终端市场；④支持环境。第一部分是增值活动代表了数字领导企业主要业务活动。从数据搜集、数据可视化、数据分析和数据应用。第二部分是供应链，它表示产品的投入产出结构或要映射的产品或服务的业务交流。它具有四个主要阶段：①数字基础设施和基础构架；②云平台；③数字硬件；④数字化软件。第三部分是数字产品或服务的最终市场，发达国家市场和发展中国家市场在数字价值链中具有高度差异化。最后一部分是支持环境，包括具有区域异质性的政府制度、行业协会、基础设施和公用物品提供者（高校或研究机构）。

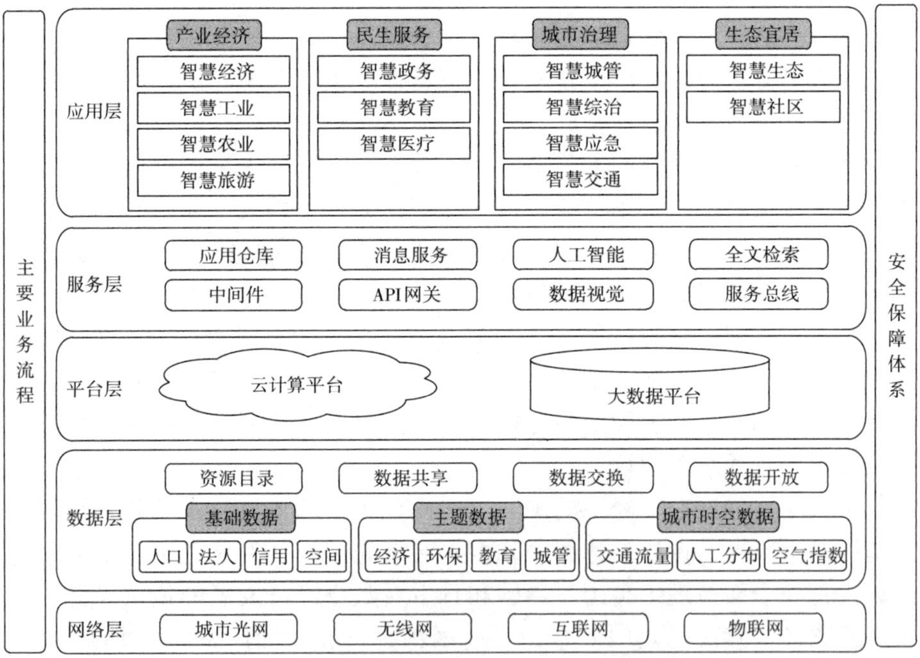

图 1-3　数字经济价值链的主要业务流程

资料来源：南昌市大数据局．南昌市大数据发展三年行动计划（2020-2022 年）[Z]．2019．4．3．

第二，在定性分析基础上进行定量描述性分析。选取国际投入产出表和 UNcomtrade 数据库结合数字细分部门领导企业财务报表和调研数据，对该数字价值链概念框架进行量化分析，确定各个业务环节的具体价值。

（二）产业组织和产业关联分析

首先，采用 SCP 分析方法分析软件与信息技术服务业的市场结构、市场行为与市场绩效，分别测算度量市场结构的集中度指标和进入退出壁垒，测算度量市场行为的并购行为、研发行为与广告投入，测算度量市场绩效的收益率和价格—可变成本加成。其次，采用投入产出表，对信息技术产业进行产业关联分析，测算指标分别包括产出指标结构、投入指标结构、增加值指标结构、最终使用指标结构，以及直接消耗系数、分配系数、完全需求系数及其相应各个指标，全面分析信息技术产业对上下游产业的拉动效应。

（三）国际比较分析

本书还采用国际比较分析方法，分别从国家和地区两个维度来梳理和剖析发达国家和数字经济发达地区的先进做法和典型经验，来为我国全面发展数字经济战略提供借鉴。

第四节 创新点与不足之处

一、创新点

（一）基于价值链治理和价值链升级理论构建数字经济的价值链概念框架

本书着重构建数字经济的价值链概念框架。首先，基于价值链治理理论来构建数字经济的价值链传导机制。大多数价值链文献重点关注价值链测算方法，但如果忽视数字领导企业高度垄断的技术和数据资源的价值创造特性，直接采用实证方法来研究可能导致偏误。因此，高度垄断的市场结构和数字价值链新型形态在价值链治理框架下采用归纳法进行刻画更能符合数字经济发展的客观规律。其次，根据价值链升级理论搭建数字经济促进中小企业转型升级的理论机制和实现路径。中小企业参与价值链面临高额成本和信息不对称，核心技术缺乏和数字鸿沟的进一步封锁。数字经济通过降低中小企业融资限制，改善薄弱的基础设施，提升供应链效率等来帮助中小企业参与价值链并实现价值链攀升。本书从生产率效应、成本效应和价值创造效应等方面梳理了数字经济促进中小企业价值链攀升的机制，并刻画了中小企业借助数字技术实现价值链升级的四阶段动态路径，最终得出相应的政策建议。

（二）从动态演进角度提出企业沿数字价值链升级的保障体系

第一，打破传统价值链实证文献中企业必然沿价值链升级的外生假设。梳理价值链中心—外围格局造成的价值链降级的典型事实，将企业沿数字价值链升级拓展为升级成本、升级成功的不确定性与升级带来的收益的内生选择。第二，构建数字价值链动态演化系统，包括数字领导企业代表的全球价值链、政府和高校的本地创新系统和数字价值链参与企业（供应商），升级条件包含三者密切协同和有效运作，并推演企业沿数字价值链升级的路径。

二、待改进之处

由于本书存在以下待改进之处：第一，数字经济企业层面的数据相对缺乏，本书主要采取定性理论构建为主、定量产业分析指标测算为辅的方法进行分析，侧重于对策应用，未来将进一步采取更多元化的经济学分析方法与经济学模型进行更加深入的分析。

第二，数字经济的内涵与外延在学界尚不明确，也缺乏数字经济对传统经济变量和古典经济学的理论分析，本书致力于为数字经济相关理论的完善做出一定贡献，但构建相关理论框架并引入经济学理论模型加以分析是未来工作的重点。

第二章

2

数字经济下全球价值链重构趋势及中国对策

1990 年至今，全球价值链构建了全球范围内协同合作的生产网络，为全球经济增长带来了巨大红利。如图 2-1 所示，截至 2017 年，中间品贸易占增加值比重为 12.9%，全球价值链参与度相比 1995 年增长了 3.31 个百分点①。但是，自 2008 年全球金融危机以来，全球价值链增速放缓。尤其是 2012 年以来全球价值链参与率平均每年下降 1.6 个百分点（World Bank，2020），主要由于周期性和结构性原因导致价值链扩张动力发生了变化，引起全球价值链结构重塑。第一，世界金融危机之后，世界各主要大国 GDP 增速放缓，全球经济和投资增速下降导致贸易增长乏力。第二，多边贸易协定进展缓慢，缺乏全球性贸易政策红利，没有大型新兴市场国家加入带来新的价值链扩张动力。第三，以 5G、人工智能和工业互联网等技术为标志的数字经济时代已经来临。数字产品由于几乎为零的复制成本具有免费商品的特征，数字技术逐渐成为新一代通用技术，将同时在需求端和供给端成为重塑全球价值链的新引擎。

随着全球价值链区域化趋势加剧，中国已位于亚洲价值链枢纽位置，成为价值链“共轭”环流的中心（洪俊杰、商辉，2019），同时中国的出口国内增加值率逐渐提高，国内价值链与全球价值链互为补充和替代，加快内外循环的协调畅通迫在眉睫，也急需经济增长的新动能。2019 年，中央经济工作会议明确提出“大力发展数字经济”，标志着数字经济发展成为中国经济的重要战略之一。2020 年以来，中央和地方开始频繁部署“新基建”“数据要素”和“数字平台监管”等一系列政策措施，将数字经济的顶层设计逐步落实到具体举措。中国信息通信研究院（2020）的数据显示，2019 年中国数字经济增加值规模达到 35.8 万亿元，占 GDP 比重达到 36.2%。在全球价值链重构的背景下，中国如何将数字经济作为驱动经济

① 根据 WIOD2013、WIOD2016 与 ADB MIRO 数据库测算的 UIBE GVC Index，测算方法参照 Wang 等（2017a），采用增加值前向分解框架进行分解。

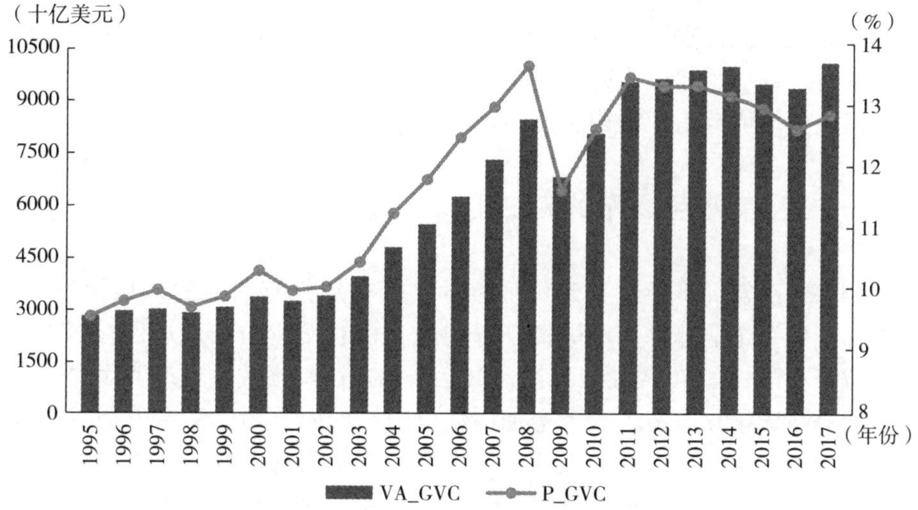

图 2-1 1970~2017 年全球价值链增加值与参与度变化趋势

资料来源：WIOD、ADB MRIO 与 UIBE GVC Index 数据库。GVC 参与度测算采用 Wang 等（2017）的方法，定义为价值链活动中贸易出口在增加值总额中所占的份额。

发展的全新引擎，夯实区域价值链中心地位，并实现我国在全球价值链分工中的“低端锁定”破局，这一研究问题具有重要的理论和现实意义。

第一节 数字经济下全球价值链重构趋势的典型事实

数字经济下全球价值链的重构可以通过三个关键维度来进行刻画：价值链的空间分布、由价值链业务分散程度决定的价值链长度以及跨国领导企业的治理模式①。首先，数字经济通过同时影响贸易成本和各国比较优

① 价值链空间布局与价值链长度具有一定相关性但本质不同。价值链更长的行业理论上可能分布在更加分散的国家或地区，但是部分业务流程相当分散的产业（例如纺织、电子或汽车产业）其大部分价值生产集中在少数发展中国家，而数字经济的总部集聚趋势使数字产业同时呈现价值链长度较短和空间分布在区域内高度集聚的特征。

势对价值链空间布局产生深刻影响。其次，全球价值链长度取决于生产模块化、垂直专业化程度和产品创新程度，与前两者成正比，与后者成反比。最后，数字领导企业通过网络效应和技术创新分别从供给端和需求端两方面重塑价值链治理结构。

一、近岸外包逐渐兴起，区域价值链趋势加剧

数字经济发展将导致全球价值链的空间布局具有明显的区域化特征。一方面，数字企业总部高度聚集于以美国为首的发达国家，几乎有2/3的总部位于美国（UNCTAD，2017）。数字技术通过网络效应和产业集聚对传统产业进行数字化改造，大大增加区域价值链的向心力。另一方面，柔性生产与分布式生产推动微型工厂加速发展，定制化需求使得生产网络更加接近终端消费市场。传统的全球范围内离岸外包逐渐转变为围绕最终市场来布局近岸外包，导致价值链布局更加区域化和碎片化。全球价值链在空间布局上具有明显的中心—外围结构，按照区域可分为中国领导的东亚价值链、德国领导的欧洲价值链、美国领导的北美价值链和其他区域（如图2-2所示）。第一，中国主导的东亚价值链的区域化程度略高于区域外。2018年，东亚价值链出口包含的区域内进口中间品增加值约为55%。中国加入世界贸易组织之后逐渐取代日本成为了东亚价值链中心国家。《区域全面经济伙伴关系协定》（RCEP）将建立世界上最大的自由贸易区，进一步释放中日韩和东盟国家区域内贸易自由化红利，加强中国连接发达国家价值链与发展中国家价值链的枢纽地位。第二，欧洲价值链一体化和区域化程度最高。2018年，欧洲国家出口包含的进口中间品增加值有65%来自区域内（World Bank，2020）。其中，波兰、匈牙利等中东欧国家加入欧盟提升了欧洲价值链区域化程度。第三，北美价值链全球化程度高于区域化程度。2018年，北美价值链出口包含的区域内进口中间品增加值约为40%。自中国加入世界贸易组织之后，区域外中间品贸易逐渐成为北美价值链的主导。但自2018年中美贸易摩擦以来，墨西哥和加拿大代替中国重新成为美国第一和第二大贸易伙伴，区域化程度重新加强。第四，拉丁美洲和南亚等区域的全球化程度均高于区域化程度。其中，拉丁美洲国家（不包括墨西哥）出口包含的区域内进口中间品份额为26%。然而南亚国家的全球价值链几乎完全依赖区域外贸易伙伴拉动，主要融入了东亚和欧

洲生产网络，区域内中间品贸易占比仅为3%。

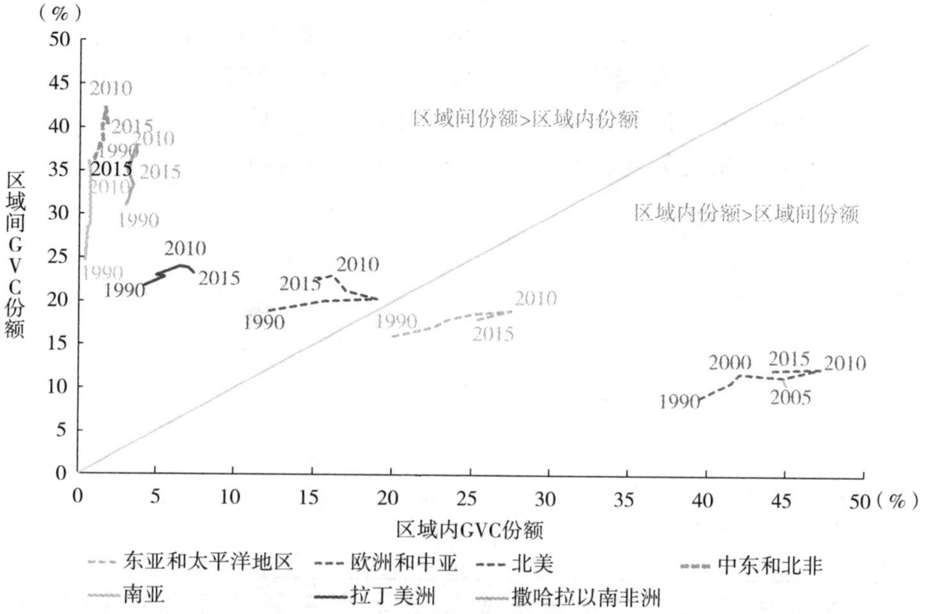

图 2-2　1990~2015 年各区域价值链区域内与区域间 GVC 份额变化趋势

资料来源：World Development 2020，Eora26 数据库。区域内和区域间 GVC 参与度是组内各国区域内和区域间 GVC 参与度的加权平均值，权重是各国在各自区域总贸易中所占份额。45 度线表示区域内和区域间 GVC 贸易在 GVC 贸易总额中份额相等。其中，将墨西哥归于北美价值链，而非拉丁美洲。

二、技术密集型行业的全球价值链长度变短，复杂价值链日趋收缩

复杂价值链是指跨境两次及以上的中间品贸易（Wang et al.，2017a，2017b），其产品本质是“合同密集型”产品，例如，数字产业各细分部门均具有复杂价值链特征，需要复杂的分工体系来统筹协调。但是在不完备契约假设下，价值链下游企业面临着上游企业不能按时保质保量履约的风险（Alfaro et al.，2019），因此产业的技术密集度往往与其价值链长度成反比。复杂价值链的收入弹性相对较大，呈现比全球经济更为剧烈的波动幅度。由图 2-3 可知，1995~2017 年，复杂价值链呈现与经济周期同向且更

为剧烈波动的特征。1995~2000年，亚洲金融危机和互联网泡沫期间复杂价值链出现下滑。但当2001~2008年，中国加入WTO之后，全球经济复苏，复杂价值链出现快速扩张，占价值链总额比重大幅增加。2009~2015年，金融危机之后全球经济复苏乏力，复杂价值链降幅最快（-1.7%）。2016~2017年，复杂价值链略有上涨，但受到贸易保护主义影响，未来依然有进一步收窄的趋势（GVC Development Report 2019）。

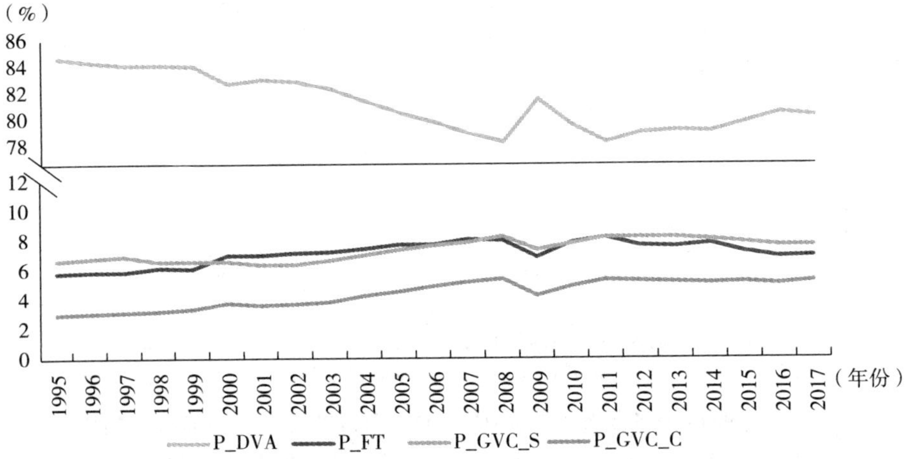

图2-3　1995~2017年前向增加值分解下各细分业务变化趋势

资料来源：GVC Development Report 2019，WIOD、ADB MRIO与UIBE GVC Index数据库。DVA、FT、简单GVC和复杂GVC参与度测算均采用Wang等（2017）的方法，定义为国内增加值、最终品贸易、跨境一次的简单价值链和跨境两次以上的复杂价值链占增加值总额的份额。

相比全球价值链而言，不同区域的复杂价值链具有明显差异化的变化趋势。第一，欧洲区域内复杂价值链的份额快速下降。以出口为例，2008~2017年，区域内复杂价值链参与度从47.6%降至40.9%，复杂价值链主要依赖于亚洲国家的区域外分工（GVC Development Report 2019）。第二，北美复杂价值链转向区域内分工。2017年，北美出口贸易的区域内复杂价值链占比为40.9%，相较2000年下降了6.7个百分点。但以中美贸易摩擦为拐点，从全球化分工又逐渐开始转向区域内分工。第三，近年来亚洲复杂价值链的区域内份额超过了北美价值链。以出口为例，2017年，亚洲复杂价值链区域内参与度为43.9%，比2000年增加了5.4个百分点。在

“一带一路”倡议的导向下，东盟取代美国成为中国第一大贸易伙伴，2020 年 1~6 月中国与东盟双边贸易总值达 2.09 万亿元人民币，占中国外贸总值的 14.7%①。然而北美和欧洲作为亚洲价值链区域外出口目的地的贡献度在下降。

随着数字经济的发展，2008 年以后价值链长度变短，复杂价值链出现收缩有以下几方面的原因：第一，数字化在价值链下游为企业提供了去中介化的机会，使价值链治理模式由传统的消费者驱动或生产者驱动转变为平台驱动模式（Wu and Gereffi，2018）。第二，全球经济复苏缓慢，贸易保护与地缘政治摩擦等外生冲击导致贸易不确定性显著增加，复杂价值链由于跨境多次，上升的贸易成本产生放大效应，价值链长度持续收缩。第三，数字经济等复杂价值链产品需要公平的营商环境、透明的国内政策和深度贸易协定来保障合同执行效率和数据跨境流动，区域和双边贸易协定代替多边贸易协定也导致复杂价值链出现区域化特征。

三、全球价值链治理的全新驱动力和轻资产特征

数字技术进步改变了全球价值链传统的生产者驱动和购买者驱动模式。第一，在供给端，智能制造和自动化技术主导下即时制供应链（Just-in-Time Supply Chain）兴起。即时制供应链是指将高度自动化的制造效率与定制化的灵活性相结合，快速连接市场和供应链来适应高度差异化的客户需求。物联网和分布式生产等数字技术有助于及时将客户需求传递给上游供应商，确保按时交付产品（Rüttimann and Stöckli，2016）。即时制供应链将导致全球价值链出现两大变化趋势。首先，在空间上更加集聚。上游供应商通过快速响应市场需求来减少库存风险，如果供应商距离买方较远，下游的市场需求信号时效性将大幅下降（Pisch，2020）。位置邻近的替代机制是沟通效率，相同或相近的语言和文化也与供应链效率成正比。其次，治理模式更倾向于垂直型。即时制供应链需要上下游及时共享市场信息，如果领导企业持有独立供应商最

① 根据海关总署统计数据《2020 年 6 月进出口商品主要国别（地区）总值表（人民币值）》等计算得到，http：//www. customs. gov. cn/customs/302249/302274/302275/3188108/index. html，2020-07-14.

优决策以外的库存，将导致供应链外部性，垂直型治理模式可以缓解契约不完全带来的履约风险，还可以保障知识产权，缓解跨国企业技术扩散的顾虑。

第二，在需求端，数字平台成为全球价值链新的驱动力。以亚马逊、阿里巴巴和谷歌等为代表的数字平台已经成为新兴数字市场，将传统的价值链驱动方式改造成为平台驱动。数字平台作为中介促进生产者和消费者的在线交易，产生利润的关键在于数字平台存储、传输、处理和分析数据的能力。数字平台已成为新兴数字化市场，逐渐取代传统市场为消费者和生产者提供交易场所。价格作为“看不见的手”调节供求的功能也逐渐被算法取代。全球数字平台通过控制跨境数字贸易的交易数据，再利用算法对消费者需求进行分析和预测，指导供应商的生产行为，将从需求端推进全球价值链重构。

第三，除了技术变革带来的治理结构变化之外，数字跨国公司在全球价值链中的国际投资模式也发生了显著变化，具有明显的轻资产特征。数字跨国公司可以通过在线市场而非商业实体实现全球销售，因此，数字企业的互联网依赖程度越高，获得相同国外收入所需的国际投资比重越低。数字企业按照互联网依赖程度从高到低分为四类：纯数字业务公司（互联网平台和数字解决方案提供商）、混合数字业务公司（数字内容和电子商务）、IT 公司和电信公司。这些细分部门的数字化程度越高，FDI 占比越少。根据 UNCTAD（2017）的数据（如图 2-4 所示），纯数字业务跨国公司几乎完全在虚拟环境中运营，与市场的物理联系有限，国外销售额与国外资产比值最大。IT 跨国企业的比值略小于纯数字企业（1.8）。混合数字业务的跨国企业比值大大缩小（数字内容企业和电子商务企业均为 1.1），但仍大于传统行业（平均值为 1.0）。电信跨国公司国外销售占外国资产份额最低（0.9），因为需要庞大的电信基础设施投资来保障通信覆盖广度与连通效率。

相比美国等发达国家，中国在数字经济主导的价值链治理中存在以下问题：第一，在数据资源和数字平台上具有后发劣势。全球数字领导企业总部聚集于美国，其具有技术先发优势和已经积累完成的庞大数据，并进一步通过标准制定和声誉加强领导地位。然而中国的数字企业被迫依赖数字平台领导企业主导的价值链，缺乏核心数字技术和海量数据资源，难以独立开发符合本国需求的数字智能产品。第二，建设领导型数字平台的制度体系欠缺。数字平台作为基于数字技术的新型市场，以企业指令方式承担市场职能，市场失灵和垄断加剧的风险增加。传统监管方式，如公开市场、最高限价、竞争性市场结构和垄断企业合谋调查等措施往往会失效。如何保障数据和平台在公平竞争的环境下持续创造价值是当前中国数字经济制度构建的重中之重。

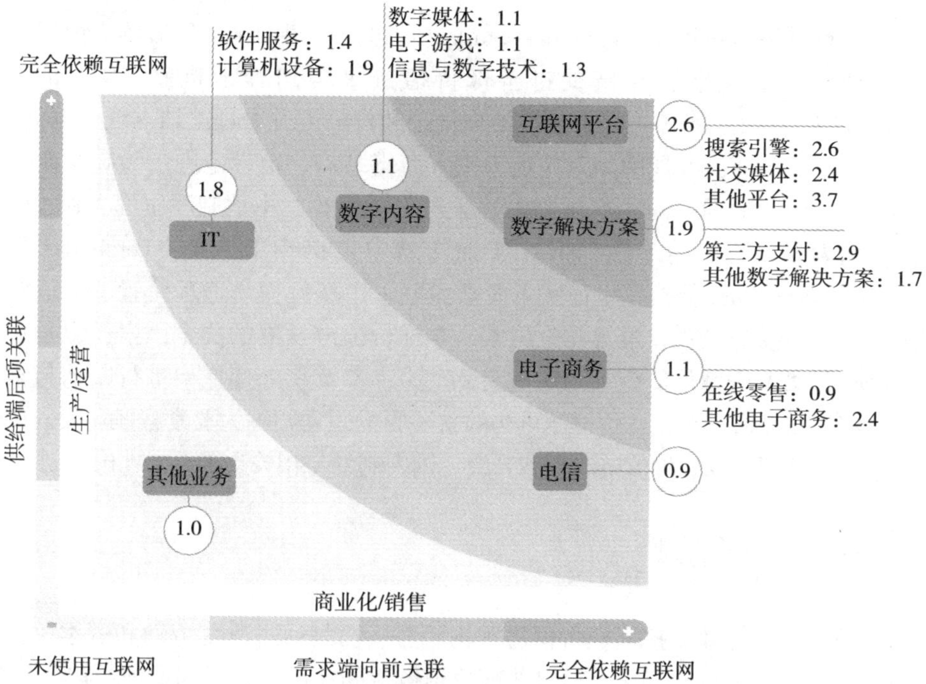

图 2-4　数字经济与其他行业企业国际收入与国际投资比值

资料来源：UNCTAD Report 2017，基于 UNCTAD 外国直接投资/跨国企业数据库，Orbis BvD 和 Thomson ONE 数据①。

---

① 纯数字业务和混合数字业务企业包括 UNCTAD 排名前 100 家数字跨国企业中的 86 家（其中，互联网平台企业 10 家，数字解决方案企业 22 家，电子商务企业 14 家，以及数字内容企业 40 家）。IT 和电信企业包括贸发会议在 ICT MNE 前 100 名中排名的 96 家企业（其中 IT 企业 69 家，电信企业 27 家）。其他类别包括贸发会议排名前 100 名跨国公司的 81 家从事非 ICT 行业的公司。

第二节
数字经济促进全球价值链重构的理论机制

本章基于 Gereffi 和 Fernandez-Stark（2019）构建的全球价值链治理理论最新框架来搭建数字经济促进全球价值链重构的理论机制。Gereffi 和 Fernandez-Stark（2019）将价值链治理理论和价值链升级理论纳入统一框架，将影响全球价值链发展的因素界定为投入产出结构、地理范围、领导企业与供应商之间的治理结构、参与 GVC 企业的升级路径、本地制度质量与利益相关者六大因素。上述理论框架在实证文献中也得到了检验，Fernandes 等（2020）基于 Eora 数据库也证实了要素禀赋、市场规模、地理位置、本地制度质量、贸易与投资政策等几大因素是全球价值链发展的决定因素，也是数字经济背景下全球价值链重构的重要驱动力。本章将上述框架进行归纳与整合，将数字经济影响全球价值链重构的重要影响因素归纳为要素禀赋、投入产出结构、地理距离、价值链治理和升级、国内制度与相关政策五大理论机制。

一、要素禀赋

数字经济并非直接引起价值链重构趋势，而是通过改变劳动和资本的报酬比重引起要素结构变化，最终改变价值链空间布局、长度和治理结构。

（一）数字经济提升劳动生产率，促进外包回流和服务套利

第一，劳动力成本份额下降加速全球价值链区域化。数字技术发展导致劳动力成本在收入中贡献度下降，加速外包向发达国家回流，推进近岸外包和价值链区域化趋势（Acemoglu and Restrepo，2019）。同时，劳动者收入损失被机器人设备租金和消费者价格下降所带来的收入效应抵消，使得社会福利增加和市场规模扩大，也加强了我国作为区域价值链中心国家的地位。第二，自动化改变贸易利差结构，促进远程服务发展。全球化套利的核心驱动力在于各国比较优势与贸易成本之间带来的贸易利差。进入全球化套利的第三阶段后，一方面，制造业产品的劳动力成本份额下降，

各国比较优势差异收窄，制造业可贸易性降低，国内价值链对全球价值链的替代性进一步加强。另一方面，服务业的劳动力份额受影响较少，相对急剧下降的面对面成本而言可贸易性反而扩大，发展中国家将继续发挥劳动力禀赋的比较优势，服务贸易将成为全球价值链未来发展的主要模式。随着操纵机器人的熟练工人的供给增加，还将大规模出现一国工人在另一国远距离通勤的服务贸易新业态，称之为远程移民（Baldwin and Forslid，2019）。

（二）数字化提升数字资本需求，加速区域价值链发展

第一，数字基础设施将成为区域价值链的关键推动力。宽带等数字连通性是提高全球价值链参与度的关键因素。数字技术增加了资本对劳动的替代率，数字经济发展需要在集中的地理范围内进行密集的资本和知识投入，因此将加大本国和区域内数字资本投资，加速区域价值链的形成。第二，数字化投资促使价值链治理模式趋向垂直化。数字技术等无形资产提升生产力的作用将呈现“J-曲线”效应，重构价值链治理模式。领导企业由于加大数字资本投资而对价值链的控制力加强，供应商的话语权降低，导致治理模式逐渐演变为垂直型。

（三）新型数字技术对价值链的空间布局具有双向驱动力

第一，数字技术可能导致价值链空间分布同时出现近岸外包和再外包两大相反趋势。一方面，自动化普及扩大了在地理上邻近最终市场的区位优势，从而增加了对靠近美国和欧盟的发展中国家的近岸外包需求，打造供给弹性更高的即时制供应链（de Propris and Pegoraro，2019）。另一方面，追赶型创新也将继续降低中国制造业产品的单位人工成本，从而促进再外包需求。价值链布局变化取决于这两种力量的对比。第二，分布式生产等数字化生产模式缩短价值链长度。3D 打印（增材制造）作为代表性数字技术要求实时执行从原材料到最终产品的所有制造步骤，意味着技术不可分割。分布式生产将破坏全球价值链的两个传统驱动力：劳动力成本套利和规模经济，降低了对有效技术规模（MES）的最低要求，加快跨国公司的生产决策从寻求效率的投资转向寻求市场的投资①。因此，以分布

① 不同国家间相对较小的资本成本差异也促进了跨国公司的投资目的从寻求效率和垂直专业化向寻求分布式市场转变（Laplume et al.，2016）。

式生产为特征的小规模本地化生产网络兴起，区域内价值链长度变短。

二、投入产出结构

数字经济对全球价值链参与的影响主要通过与国内产业的产业关联来传递，对接数字产业化和产业数字化来对传统产业实施数字化改造。

（一）数字经济对供给端的数字化改造创造全新价值来源

相对电子商务的网络效应和免费数字商品带来的消费者剩余增加，物联网和工业互联网等技术从供给端提升传统行业生产率，将更大幅度提升价值链附加值。数字化流程改造采用物联网（IoT）的传感技术以及云计算 SaaS 平台，将中小企业的硬件设备、软件以及数字化应用连接起来，实现供应链各个环节的数据连通和反馈，实时追踪客户需求，再基于大数据分析提升预测准确性，搭建现实生产和虚拟生产的数字化路径，从后向关联角度优化供应链管理，将生产力持续保持在效率前沿面。

（二）数字化技术改变了全球价值链的增加值结构

微笑曲线同时包含了价值链长度和空间分布两个维度。首先，物联网和大数据等数字技术提高了无形资产在价值链中的重要性，尤其是上游的研发创新和下游的市场需求数据分析，从而将增加值向微笑曲线两端转移。其次，自动化取代低技能劳动力提升了制造阶段的增加值，低附加值服务的商品化与制造业服务化共同导致曲线中心部分趋于平坦。最后，自动化和数字化改造导致生产率提高，使曲线整体向上移动，微笑曲线变为“浅笑曲线”。

三、价值链治理和升级

（一）数字平台从供给端和消费端重构价值链治理模式

第一，数字平台模块化治理和分层模式鼓励全球范围内的开源创新。数字平台通过程序开源和平台分层来实现创新渠道多样化，避免将创新的负担完全寄托在平台领导者身上。平台分层还促使平台与其子平台之间保持协调和互补，强化了价值链在全球范围内地理分裂的动力（Sturgeon，2019；Pisch，2020）。

第二，数字平台也促进了以分销为导向的模式来组织大规模定制化生产，推进价值链区域化。例如，“淘工厂”平台通过在线平台直接对接消费者，再连接到多元化的本地生产网络，本地中小供应商通过在线平台对小规模市场需求进行快速反应（Schneidemesser，2019）。但是这类模式对市场的快速响应能力并非源于灵活的自动化能力，而是来自以数字市场为核心、具有在线营销能力的大规模中小供应商集群。其本质依然是购买者驱动型价值链，并未提供客户定制化供应链，未来也将继续朝着加强区域一体化生产的趋势发展。

（二）数字经济鼓励中小企业参与价值链，实现价值链升级

中小企业沿价值链升级的第一阶段始于与价值链形成初始连接，数字平台充分发挥中介机构的匹配作用，帮助中小企业将业务整合到在线平台上，迈出开展国际业务的第一步。在第二阶段，中小企业应当准确聚焦细分领域的核心技能，实现垂直专业化的能力突破。因此，以数字平台为核心打造产业链生态闭环，使中小企业致力于核心业务塑造，深度嵌入生产网络。到第三阶段，企业亟待提升学习和创新能力，数字平台的网络效应打破原有市场结构，在产业集群中实现技术创新。进入到第四阶段之后，中小企业开始寻求价值链治理结构重塑，将竞争优势转化为贸易利得。在线平台和数字系统通过对价值链供给端进行全面数字化改进，将构建全新的利润增长模式。

四、地理距离

中间投入品贸易需要多次跨境运输，因此地理距离是塑造全球价值链形态的重要影响因素，直接决定价值链中的贸易成本。

（一）智能物流降低运输、仓储等系列成本来推动全球再外包

跟最终品贸易相比，全球价值链对物流绩效和运输成本更加敏感。一国物流绩效指数（LPI）得分越高，其全球价值链参与度越大。物流 4.0 作为数字平台主导的价值链生态系统的重要环节，将同时影响价值链布局

和治理结构。智能物流大大提高了仓储对客户需求的响应速度，简化了货物交付的整体流程。自动驾驶汽车、仓库自动化、物联网（IoT）数字跟踪系统和大数据预测分析等尖端技术相结合不但能加快原材料和中间品向产成品转移的速度，还通过需求预测来提高从产成品向需求终端转移的效率。物联网通过实时跟踪货运来提高交付服务效率，将使运输和海关处理时间减少16%~28%（MGI，2019）。因此，物流4.0将大幅度降低地理距离对全球价值链布局的负面影响，是全球范围内再外包的重要推动力。

（二）数字经济缩小经济距离和文化距离，缩短价值链长度

除了地理距离之外，经济距离和文化距离是价值链中协调成本的关键影响因素。提高网络连通性将降低价值链的协调成本，从而缩短数字产业与传统产业关联的经济距离和价值链长度。同时，协调沟通成本下降还缩小了全球价值链参与者之间的文化距离，包括普及互联网和机器翻译。Fernandes等（2017）发现中国内陆省份互联网使用率的增加提高了内陆省份制造业出口商通过沿海省份参与全球价值链的份额。然而Brynjolfsson等（2020）也发现eBay数字平台通过采用机器翻译（eMT）使出口增长了10.9%。

（三）数字技术降低面对面成本，远程服务发展大大促进再外包需求

数字技术还通过大幅度降低面对面成本来促进远程服务发展，服务的不可分割性进一步缩短价值链长度。视频会议技术、增强现实（AR）、虚拟现实（VR）与实时翻译技术的结合将大大促进国际远距离通勤。随着面对面成本不断降低，发达国家企业将通过远程雇佣发展中国家熟练劳动力来继续降低工资成本。机器翻译也将成为在线劳动力供给的关键支持技术。Baldwin和Forslid（2019）发现全球以英语为第一和第二语言的潜在在线劳动力约为10亿，机器翻译可以将此规模扩大到2~3倍。根据《中国高等教育发展报告（2019）》的统计，截至2019年，中国高等教育毛入学率达到48.1%，基本实现高等教育普及化，将有极大潜力成为服务贸易在线劳务出口的巨大劳动力供给市场，在数字经济下开发全新的比较优势。

五、国内制度与相关政策

本地制度、贸易和投资政策是全球价值链发展的重要影响因素。全球价值链的政策趋势分别是：国家干预政策加强，区域贸易协定逐渐代替多边贸易协定，各国贸易保护主义加剧，这将共同影响全球价值链的地理分布、长度和治理模式。

（一）国内制度是数字经济等复杂价值链发展的重要保障

第一，制度对合同执行的保障力度将对技术密集型价值链发展产生重要影响。一国制度质量更高，合同密集型行业的全球价值链参与度增长更快。同时，合同执行效率是持续鼓励和吸引高技术外商投资的重要影响因素。第二，规范的知识产权保护制度是鼓励本国生产网络持续发挥创新潜力的基础。知识产权和创新政策有利于保护创新和研发体系强大以及拥有大规模高技能劳动力的国家，促使价值链长度进一步缩短和治理模式趋近于垂直化。尤其对于技术密集型和知识密集型的数字领导企业来说，良好的知识产权保护政策和研发支持体系是决定其在东道国长期永续经营的关键。

（二）深层贸易协定促进国内政策与国际协议规制融合

在区域贸易协定日益代替多边贸易协定的背景下，区域价值链趋势将得到进一步加强。优惠贸易协议影响价值链布局主要通过两个渠道来实现：优惠关税和原产地规则。关税在中间产品多次跨境中产生放大效应，贸易协定成员国之间的优惠关税更有助于打造区域价值链。然而原产地规则将限制贸易协定成员国在全球范围内自由选择中间投入品，引起贸易转移效应。深层贸易协定深层优惠贸易协议（PTA）与国内政策改革接轨有助于推动市场开放转向制度开放，推进国内政策与国际协议规制融合。对中国来说，加入深度 PTA 有助于促进数字经济的国内价值链与区域价值链畅通循环，推动中国向以制度创新为核心的高质量开放发展。

第三节 数字经济下加强中国作为区域价值链中心地位的政策建议

一、加快培养基于数字技术的远程服务人力资源

数字技术将成为通用技术，未来中国远程服务贸易发展需要大规模同时掌握数字技术和行业专业技术的高技能人才。第一，将数字技术作为基础技能列入高等教育培养标准。未来对数字技术人才的需求越来越大，仅靠企业培训和职业培训无法完全满足人才需求，因此，高校除了软件和计算机专业外，应当将数字技术作为通识培养目标，大规模培养兼具数字技术和专业技能的通才。第二，在数字经济时代构建终身学习的持久机制。数字经济时代，技术的快速迭代需要从业者具备终身学习意识。政府应当加强公共职业培训力度，鼓励国民培养在在职期间接受中长期再培训的习惯。例如，制订不同行业和职业的再培训计划，为在职培训提供就业保险以便保障人员培训期间的生活费用等。第三，持续加强政府公务人员数字技能培训。具备数字技能的政府公务人员能够更好地理解企业在数字化转型中的需求并提供政策支持，应当为打造数字政府培养技术性政务人才。

二、构建保障数字市场规模和公平竞争的监管体系

第一，尽快明确数字平台的数字市场本质，扩大消费者剩余范畴来应对数字市场新型监管要求。数字平台以私营身份运营数字市场，数字商品具有免费商品属性，领导型数字平台也可能借助掠夺性定价方式通过低价逼退对手，传统的价格监管来限制垄断的方式可能失效。需要扩大消费者剩余的范畴，包括消费者隐私、个人数据保护、消费者选择、转换成本和锁定效应等，来考察数字市场是否因为寻租而伤害消费者福利。第二，保障在线交易的中小企业公平竞争。由于数字平台在价值链中的核心地位，依托于平台而交易的中小企业在价值链治理中缺乏话语权。平台可能通过

算法等方式来控制数字市场供求，使得中小企业的利润受损，生存空间受到挤压，因此，应当明确界定数字平台的网络效应，度量企业因为网络效应而导致的竞争压力。

三、构建保障数字产业链发展的国内制度体系

第一，积极发展5G、智能经济、大数据健康服务新业态、新模式。鼓励各地试点建立数字经济创新发展试验区，以政府推动加市场检验的方式探索数字技术与传统产业结合的新型业态。第二，构建数字技术的创新系统。建立政府—研究机构—企业良性互动的产学研一体化区域创新系统，构建多元化创新主体来分担研发风险。第三，建立健全知识保护制度体系。引导数字技术研发重点从应用技术转向共性技术。开放创新前瞻计划，通过专属授权使得创新主体优先分享知识产权收益，提高创新主体参与研发的动力。

四、全面打造以公平高效为特征的数字政府

第一，加强顶层设计，全面实现政府文件数字化。构建包括信息层、平台层和应用层的数字政务整体框架，解决信息孤岛、“数据烟囱”等问题，建立统一的政务数据共享和开放平台，实现数据互联互通。第二，建立跨机构信息共享平台，将政务数字资源加工成数字资产。基于政务数据开发和提供数字应用，尤其应当加大对科研等领域提供数据便利的力度，大力鼓励数字化技术的研发。第三，建立政府机构的数字化治理结构。建立跨政府部门信息共享平台，创新数字技能以实现软件系统、网站和应用程序联通，确定开放标准和数字内容系统解决方案，并构建衡量数字化服务客户满意度的评价体系和衡量标准。

第三章

数字经济价值创造的核心驱动力与路径分析

第一节 发展我国领导型数字平台的治理体系

一、数字平台成为数字价值链中价值创造的核心环节

（一）以数字部门为核心的数字价值链将成为提升传统行业生产率的核心驱动力

数字经济时代，数字技术已成为继蒸汽机、电力、计算机技术之后的第四代通用技术。数字产业的领导企业以及其上下游企业打造了全新的数字价值链，将实现数字技术向非数字部门渗透，改造传统行业的生产函数，提升企业创新能力，弥补传统生产要素边际产量递减的生产率降低，带来效率提升的“J-曲线”效应。数字价值链具有两大核心：数据资源与数字平台，其主要业务环节包括：数据挖掘、数据存储、数据可视化、数据建模和分析（大数据算法），并以数据智能作为价值链产品影响传统产业和最终消费者。

（二）数据智能将改变企业生产模式，成为国际比较优势的新来源

数字价值链的价值创造主要来自创新带来的租金，其主要来源有两个：一是数字化，二是平台化。其中，第一大价值来源是庞大的数据，通过将数据资源转化为数据资本，进而开发成为数据智能。数据允许大量用户同时、重复性使用，数字的网络效应带来规模经济。产生利润的关键在于，创造并控制大量非结构性数据，将其转变为具有预测价值的结构性数据，再采用算法和模型分析转换为数字智能，最后在政策、产业层面实现数字化应用。因此，数据可以作为通用技术直接改变生产函数，成为重要的新兴生产要素，积累海量数据为我国在国际竞争中带来新的比较优势。

（三）数字平台是数字价值链的核心，已经成为新兴数字市场

数字价值链的第二大价值来源是数字平台，其作为中介促进生产者和消费者的在线交易。产生利润的关键在于数字平台存储、传输、处理和分析数据的能力。在数字经济中，数字平台改变了传统价值链治理模式的生产者驱动或购买者驱动，变成平台驱动。其典型特征有两点：第一，数字平台成为数字价值链的中心。价值链形态由线性变为了环形的数字化生态系统，数字平台在数字价值链中利润占比最高。第二，数字平台成为市场。其逐渐取代传统市场为消费者和生产者提供交易场所。价格作为“看不见的手”调节供求的功能也逐渐被算法取代。数字平台通过控制交易数据，再利用算法对消费者需求进行分析和预测，指导供应商的生产行为。

二、数字平台的细分与重点发展方向

（一）交易平台从需求端降低交易成本，提升消费者福利

数字平台根据需求和供给两个视角可以划分为交易平台和创新平台。其中，交易平台是指在线双边或多边市场，作为中介支持交易主体在细分市场的交易行为，是全球数字领导企业的主要业务模式。交易平台可分为四种类型：①广告平台。严重依赖广告收入，具有强烈的动机来搜集和存储个人数据，例如 Facebook 和 Google。②电子商务平台。作为在线市场为交易参与者提供交易中介服务，降低交易成本，例如阿里巴巴、Amazon 和 eBay。③产品平台。将传统的商品交易转化为可出租的服务，而平台保留对使用商品产生的数据的控制权，例如摩拜等共享经济平台。④云计算平台。提供大数据计算和开发数字应用的硬件、软件、开发环境和工具等基础架构，例如阿里云、亚马逊网络服务（AWS）、谷歌云平台和微软 Azure 等。云计算平台已经开始从需求端向供给端延伸，为企业在生产过程中的协同创新提供数字基础设施。

（二）创新平台从供给端提供生产流程数字化改造的开放创新基础设施

创新平台是指开发数字技术的协同创新环境和构架，包括开放式代码

编写、操作系统等软件开发、技术标准制定和数字内容生产等。创新平台的典型特征包括：①创造价值的重要来源是技术标准和模块化。数字领导企业通过制定国际标准和网络协议来塑造数字价值链形态，将数字产品变为模块化生产形式，将非核心环节外包给供应商，固化价值链从上到下的治理结构。②以研发众包为主要形式的开放式创新，众包对象包括代码、标准设计和产品研发。③平台分层。创新平台从低到高分为三层：基础平台，提供基础的硬件架构和编程语言；核心平台，提供标准化的软件系统环境和大数据处理服务，云计算平台可以归为此类；应用平台，针对行业异质性和区域异质性需求进行差异化数字应用开发。因此，创新平台是实现数字化从消费端过渡到供给端，打造数字化供应链，对传统行业企业进行数字化改造的关键。

（三）获取数字价值链的二阶收益是关键目标，供给端数字化改造成为数字经济的重要抓手

数字价值链为传统行业发展带来的收益可以区分为一阶收益和二阶收益。其中，一阶收益来自需求端，即数字平台的网络效应。企业与消费者通过在线交易降低交易成本，同时增加消费者剩余和生产者剩余。但随着平台规模扩大和使用者增多，一阶收益将逐渐递减。然而二阶收益来自供给端，即创新平台的二次开发。基于云计算 PAAS 平台，针对区域、产业甚至企业的差异化需求进行数字技术的再开发，满足细分行业生产需求或消费者对产品多样化的需求。我国也已在交易平台上取得与美国领导企业平等竞争的比较优势，但是再进一步实现二阶收益时，暂时还没有孵化出如 Google、微软或苹果这类具有国际竞争力的创新平台领导企业，而这正是数字经济未来竞争的重点方向。

三、我国发展全球领导型数字平台所面临的挑战

（一）我国同时在数据资源和数字平台上具有后发劣势

数字技术具有高度非竞争性，同时加剧市场结构垄断和收入分配不公平。宽带等网络基础设施的效率差别可能带来数字鸿沟，也会进一步加重不平等性。全球数字领导企业 2/3 的总部位于美国，其具有技术先发优势

和已经积累完成的庞大数据，并进一步通过标准制定和声誉加强领导地位。然而发展中国家的数字企业更多是被迫围绕在数字平台领导企业为中心的数字价值链中，以价值链参与者的姿态出现。由于同时缺乏核心数字技术和海量数据资源，难以独立开发符合本国需求的数字智能产品。

（二）我国缺少具备通用数字技术的企业家和技术人员

数字经济的主要价值来源是创新租金，因此，大量基于数字平台的市场销售产品的企业家因为交易成本降低而获取了一阶收益。但是，当数字经济的影响开始延伸到中小企业的生产环节时，对数字技术缺乏了解的企业家将无法进一步对供应链进行数字化改造，从而获取二阶收益。同时，既熟悉通用数字技术又能熟练掌握传统行业特定技术的技术人员也面临严重供不应求的现状。

（三）我国缺乏打造领导型数字平台的制度体系

数字平台作为基于数字技术的新型市场，需要完备的监管体系和构造。数字平台成为新兴数字市场，算法取代价格对在线市场的供求进行调控。但数字平台以企业指令方式承担市场职能，市场失灵和垄断加剧的风险增加。传统监管方式，如公开市场、最高限价、竞争性市场结构、垄断企业合谋调查等措施往往会失效。如何合理搜集数据资源，保障数据和平台在公平竞争的环境下持续创造价值是当前我国数字经济制度构建的重中之重。

四、数字价值链升级视角下发展我国数字平台的关键因素

我国要发展全球领导型数字平台，应当具备三个关键因素：与全球主导数字企业保持持续连接、塑造高效的本地创新系统，以及本国数字企业的技术能力。

（一）与全球主导数字企业保持连接是为了持续获得学习来源

数字价值链的治理结构是典型的自上而下，全球主导数字企业掌握着垂直行业的先进技术、标准制定、网络效应和直接投资能力等多种先发优势。我国数字平台在价值链升级时应当始终保持与全球领导型数字企业保

持连接，不仅包括数字平台，同时也包括数字部门其他细分领域的领导企业，如电信、IT和数字业务企业等，以便维持在先进数字技术的生产网络中。全球领导数字企业带来的知识溢出来自符合国际标准的产品要求、开放式创新帮助本国平台企业深耕垂直市场、外国专家和技术人员合作和流动带来的学习机会等。

（二）高效的创新系统加速本国数字平台升级

本国创新系统包括营商环境、上下游产业集群、本国制度、治理体系和政策框架、高校与科研机构以及行业协会，数字以及通用基础设施等。这些市场和非市场网络的关键作用在于提供高质量制度供给，构建数字平台升级必需的基础设施，促进知识创造和转移，补贴数字平台企业升级的学习投资成本，催化和加速平台企业升级。

（三）我国数字平台企业的技术能力和学习意愿

首先，平台企业的技术能力包括在数字基础设施、核心技术的投资能力、生产能力和连接能力，其中连接能力是指平台企业一定要打破孤岛意识，主动寻求与数字领导企业和创新系统的连接，获得持续的知识来源和升级保障。其次，平台企业的学习意愿是指平台本身作为数字经济发展的基础设施，平台企业升级面临着高额学习投资成本和获取收益的不确定性，而如果企业选择不升级，则更可能获得持续稳定的收益，因此企业家需要在两者之间进行权衡和选择。因此，企业家具有学习意愿、愿意承担升级风险直接决定于企业家精神，也决定于企业家管理技能的起步水平，这与企业家在创业前的经验丰富程度成正比。

因此，平台企业在数字价值链中升级存在必要条件。当领导企业连接、创新系统和企业技术能力三者兼备时，我国数字平台将能够实现持续性升级；如果领导企业连接或创新平台其中之一暂时不具备，但是在发展后期逐渐弥补，则可能出现突变式升级；如果二者之一始终无法达到升级要求，则数字平台企业的规模和技术升级可能出现停滞；然而如果出现与领导企业脱节或者本国创新系统对升级产生负面作用，则可能导致平台企业在数字价值链中降级。

五、我国发展领导型数字平台的政策建议

（一）做好数字平台发展战略的顶层设计

面对全球领导数字平台的先进技术、网络效应和标准制定的优势，需要明确我国数字平台企业发展的差异化路径。首先，政府应当牵头构建数字基础设施和生态系统，弥合数字鸿沟。平台企业需要庞大数据作为支持，来满足供给端协同创新的需求，政府应当积极承担数字基础设施建设的角色，不断提升宽带与网络硬件设施的联通效率，与本国数字龙头企业共同打造区域性创新平台和生态系统。其次，利用平台分层先行突破数字应用层面的创新。鼓励数字企业基于国际数字平台已经构建好的基础平台和核心平台，利用应用平台开发差异化的数字应用，来满足我国不同区域不同行业的企业数字化流程改造的需要。最后，在模块化价值链结构中深耕细分市场。在庞大数字市场的细分市场中不断培养隐形冠军，鼓励具有数字技术优势的平台企业和传统行业龙头企业合作研发，大力增加二阶收益，加快数字技术对传统行业的渗透。

（二）构建以数字市场的竞争政策为基础的监管体系

首先，尽快明确数字平台的数字市场本质，将平台监管纳入制度建设范畴。数字平台以私营身份运营数字市场，极有可能因为追求垄断利润导致市场失灵。其次，扩大消费者剩余范畴来应对数字市场新型监管要求。传统的价格监管来限制垄断的方式可能失效，是因为数字商品具有免费商品属性，领导型数字平台也可能借助掠夺性定价方式通过低价逼退对手。因此，需要扩大消费者剩余的范畴，包括消费者隐私、个人数据保护、消费者选择、转换成本和锁定效应等，来考察数字市场是否因为寻租而伤害消费者福利。最后，保障在线交易的中小企业公平竞争，以扩大平台的网络效应。由于数字平台在价值链中的核心地位，依托于平台而交易的中小企业在价值链治理中缺乏话语权。平台可能通过算法等方式来控制数字市场供求，使得中小企业的利润受损，生存空间受到挤压，因此，应当明确界定数字平台的网络效应，度量企业因为网络效应而导致的竞争压力。最后，保障数字平台对所有企业的开放和公平访问。创造公平的竞争环境，

比事后根据反垄断法进行规制更为有效。

（三）明确数字主权、建立隐私保护制度

首先，明确数字主权。数据具有价值，但其价值来源于控制权而非所有权。针对大多数数字平台上产生的社交或交易数据，可以界定为集体数据所有权，即个人与平台共有。通过设立集体数据基金的形式进行管理，建立数据资源根据许可协议共享的基础，为进一步开发为数字资本明确权限。其次，建立合理的隐私保护制度。数据需要从资源变为可用于营利和非营利性使用的数据资本，并进入数字价值链来创造价值，需要建立在合法保障隐私的基础上。领导型数字平台将处理庞大的跨境数据流，目前保障数据隐私逐渐成为国际共识，一个国家（或地区）数据资源的集体数据所有权可以采用。欧盟《通用数据保护条例》（GDPR）明确提出数字平台在搜集数据前必须明确告知用户数据保护规则、哪些数据可以合法搜集、是否需要征得用户同意，明确规定个人数据的使用方法。在隐私保护相对滞后的国家和企业可能会被限制参与数字贸易。

（四）积极参与双边与多边贸易协定来监管跨境数据流

首先，寻求合理分割跨境数据流价值的方法，为数字化征税做好铺垫。一般跨境数据流控制权根据数字平台企业所在地划分，但是数据来源却大多数来自发达国家。因此，应根据数据的经济活动发生地而非其法律归属地来划分数据价值，同时制定合理的收入分配公式，以便消除全球数字平台企业利用转移定价来转移利润的风险。其次，制定明确的数据本地化制度。明确跨境数据传输关税和数据贸易禁令，推行隐私法和数据保护法等综合性措施。同时，在国内建立数据存储和定位中心，以及限制跨边界移动和处理个人数据的法规。

第二节
明确数据的要素属性，打造全国一体化高效供应链

一国的生产要素总和决定着该国的生产可能性边界，推进生产要素自

由流动是保障我国供给侧改革稳步进行、稳定我国潜在 GDP 增长率的关键举措。从产业链的视角来看，生产要素、基础设施和制度共同构成了产业链上游的高质量供给的决定因素。其中，要素市场是一国或地区生产活动的基础，基础设施作为公共物品和瓶颈产业直接制约下游产业的规模和生产率，制度则通过构建高效市场和营商环境来促进企业生产产品和公平分配资源。目前，我国的基础设施已经处于国际领先水平，制度改革也在稳步推进，因此，进一步推进要素市场化改革是打造国内高效一体化供应链，从而保障国内统一大市场形成的重要环节。

打造高质量要素市场包括两大关键点：第一，坚持以市场机制作为要素资源配置的基础，使要素价格能够真实反映生产要素的供求；第二，通过完善市场机制、制度改革弥补市场失灵，引入数字化等新技术来降低要素市场的交易成本，只有当要素流动带来的收益大于成本时，要素市场才能真正有效地运转。

一、构建完善的技术合作开发体制，促进创新主体积极性

众多发达国家已经建立了技术要素进行创新、转移和商业价值创造的完善市场体系。高校和研究机构的最大优势是大批具有前沿技术的科研技术人员，尤其是基础学科等元创新领域，通过密切对接企业资本能够充分发挥技术合作创新的潜力。高校与研究机构可以以咨询和技术服务、技术人员交换、合资或合作研发项目、专业化培训、出售专利或许可权、共同创办初创企业等多种方式为提升企业创新绩效提供支持与服务。其中，关键点在于如何鼓励技术创新主体的创新动力、保障技术创新与市场化之间的高效衔接、帮助企业和研究机构规避技术转化中的风险。

（一）鼓励多元化的技术转让机制

研究机构的技术转移机制可以分为两类：首先，双向技术交流，有赖于研究机构与企业之间密切的技术和知识交流合作来实现。双向技术流鼓励企业参与研究机构的研发活动，双方共担研发成本和风险，通过项目合作或合资企业等方式共享技术成果。但两者通常具有明确分工，例如，研究机构主要负责研发环节，而商业化流程将由合作企业来完成。其次，单向技术交流，通常是研究机构到企业的技术流。在这种方式中，研究中心

单独承担研发的成本和设备，并通常向企业直接转让或销售技术专利或许可权，或者基于已经成型的技术产品为企业进行本地化或者定制化再开发。两种方式的选择取决于研究机构的研究能力和资金实力，以及与产业集群的协同方式。

（二）构建技术产品产业化的合理激励机制

技术转让过程中的风险是市场风险，包括新产品或技术成功的不确定性、受让人道德风险、产权转让不完全的风险等。首先，政府应当鼓励研究机构与合作企业分摊研发成本来降低财务风险。通过延长合作期直到技术项目的商业化阶段，从而降低市场风险和不确定性。其次，研究机构通过提供技术援助和培训计划帮助企业规避技术转让不完全风险。最后，研究机构可以针对特定企业的特定用途提供定制化和本地化服务，增加技术的资产专用性，降低合同执行的风险。

（三）大力促进数字共性技术的研发

首先，开展大数据共性关键技术研究，实施云计算和大数据重点专项等重大项目。其次，支持大数据产品研发，建立完善的大数据工具型、平台型和系统型产品体系。最后，推动数字技术产业化应用，形成面向各行业的成熟大数据解决方案，推动大数据产品和解决方案研发及产业化。

二、健全人力资源市场，树立终身学习意识

（一）以城市群和自贸区为核心，加快健全统一规范的人力资源市场体系

加快建设全国统一的人力资源市场，从而真正实现以工资为劳动力市场配置的基础功能。实现在主要城市群中各个城市的同城化居住年限互认，对于彻底解放区域间和城市群生产力具有显著的促进作用。应当进一步在各个自贸区或城市群进行试点，持续破除农村户口和城镇户口之间长期存在的歧视，例如，对于符合条件的无论来自城镇还是农村的年轻居民采取统一的公租房、廉租房和住房补贴申请条件，对于进一步解放我国广大农村生产力具有极为重要的意义。

(二) 户籍改革是推动全国大市场形成的关键举措

通过实行以常住地登记制和积分制落户代替户籍制度，能够逐步实现全国劳动力市场的均质化。逐渐取消户籍捆绑的医疗、教育和养老等资源限制，大大降低了农村户籍居民在城镇生活的门槛和不同区域间移民的壁垒，显著提升了居民福利。接下来进一步改革方向应当加强农村和城镇的社会保险和医疗服务的关联性，通过平等地降低农村全体居民在城市落户的生活成本，从而鼓励农村居民整户迁移，使农村居民从劳动力供给者逐渐过渡到城市消费群体之一，既保障了全国一体化高质量供应链的实现，又促进了统一的全国大市场的构建。

(三) 在数字经济时代构建终身学习的持久机制

数字经济时代，数字技术成为通用技术，同时也加快工作任务自动化和对劳动力替代的进程。但是，由于我国仍旧处于劳动力成本具有比较优势的阶段，因此在很长一段时期，人工智能将与劳动力形成互补来提高传统行业的劳动生产率，而并非像发达国家那样变成人工智能对劳动力的直接替代。但是，技术的快速迭代依然需要绝大多数职业的从业者具备终身学习的意识。政府应当加强公共职业培训的力度，尤其是基本的数字通用技术、适应工作变迁的快速学习技巧。随着国民寿命的提升和职业技能更新的加速，政府应当鼓励国民培养在在职期间接受中长期再培训的习惯。例如，从国家层面制订不同行业和职业的再培训计划作为指导意见，为在职培训提供就业保险以便保障人员培训期间的生活费用等。

第四章

数字经济推进我国中小企业价值链攀升的机制与政策研究

在数字经济时代，电子商务等数字平台已经极大改变了居民消费方式。与此同时，以工业互联网、人工智能和云计算等为代表的数字技术日益成为重塑一国竞争力的关键驱动力量，将深刻影响未来各国价值链分工位置和治理格局（吴伟华，2019）。我国广大中小企业亟待深度融入数字经济，通过数字化流程改造和基于网络效应的跨境融合来发掘全新价值增长点。

数字经济是指通过互联网媒介和电子商务平台开展商品和服务贸易的经济形态（OUP，2017），具有三大组成部分：支持性基础设施，包括硬件、软件、电信和网络等；电子业务流程，即企业通过互联网媒介开展业务；电子商务交易，即在线销售商品和服务。贸发会议（UNCTAD，2017）从企业层面界定了数字经济的外延，即包括数字企业和信息通信技术（ICT）企业。但是，上述定义缺少数字技术对传统行业进行数字化改造来提升其竞争力的作用。因此，云计算、人工智能、工业互联网与物联网等供给侧数字技术作为高端制造业的生产要素也应当纳入数字经济的范畴。

第一节 中小企业沿价值链攀升的现状与困境分析

一、中小企业参与价值链的方式

中小企业是带动我国经济发展的重要引擎。根据WTO（2016）统计，中小企业占一国企业总数的80%～99%，创造全球就业岗位的60%～70%，占 GDP 贡献度的 50%~60%[①]。全球价值链以生产过程高度分节化和地理位置离散化的分工网络为特征，参与企业仅专注于生产和供应环节的某一部分，为中小企业融入全球经济提供了机会。

中小企业通过前向参与和后向参与两种方式来参与全球价值链。其中，前向参与包括直接方式和间接方式，分别是指直接出口中间产品与服务，或通过向中介企业间接出口来参与全球价值链。中小企业参与价值链的另一种方式是后向参与，即通过直接进口或通过大型跨国企业间接进口中间投入品来参与全球价值链。间接出口和进口均可以有效降低中小企业的贸易成本，因而是其参与价值链的主要方式。

二、中小企业沿价值链攀升的现状

根据企业异质性理论，企业规模是其出口导向的重要影响因素，企业规模越小，出口导向越低。中小企业参与价值链具有如下典型特征：

第一，发展中国家中小企业参与价值链程度偏低，亚洲发展中国家后向参与度相对更低。发展中国家中小企业对国际贸易的贡献相对较低，包括中国在内的亚洲国家中小企业出口比重仅为 8.7%（OECD，2018）。对于发展中国家制造业而言，中小企业直接出口占总销售额的 7.6%，间接出口仅占 2.4%，均低于大型企业比重（如图 4-1 所示）。对于服务业，其间接出口比重略高（2.6%），但总体参与率仅占总销售额 3.5%。[②] 包括我国在内的亚洲发展中国家价值链前向和后向参与度均较低，后向参与度相对更低（如图 4-2 所示）。主要由于这些国家具有相对完整的工业体系，中间投入品可以直接由国内生产完成，无须过度依赖进口。

第二，中小企业长期处于价值链低端，在价值链治理中缺乏话语权。发展中国家中小企业参与制造业价值链主要受上游环节（后向参与）的驱动，尤其是加工贸易方式。因为加工贸易企业主要从事生产和组装环节，对技术和营运资金需求较低，生产力偏低且融资限制较大的中小企业更容

---

① 根据国家统计局《大中小微型企业划分标准》，大中小微企业划分标准主要有营业人员、营业收入和资产总额三类，不同行业指标的划分标准具有一定差异性。例如，工业中小企业是指同时满足从业人员在 20~1000 人，营业收入在 300 万~40000 万元的企业。

② 数据来源于世界银行企业调查数据（Enterprise Surveys Data），http：//www. enterprisesurveys. org/data。

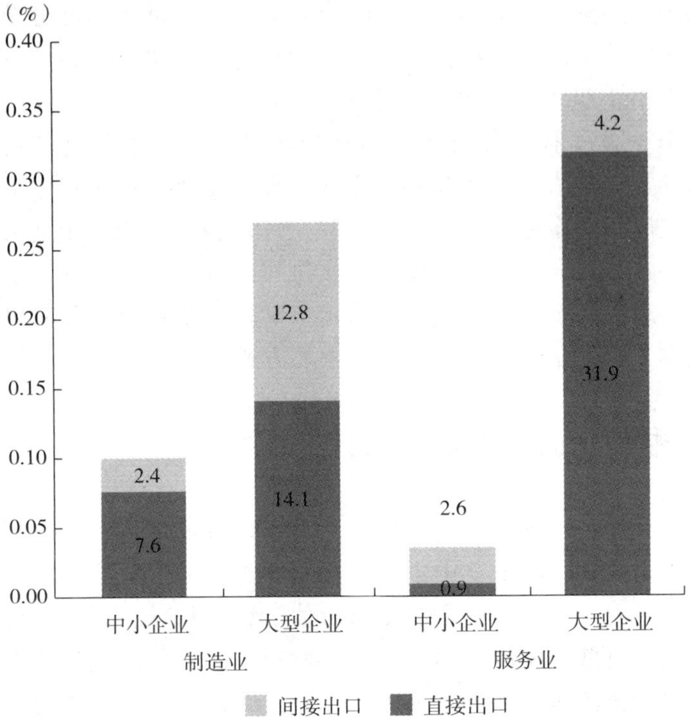

图 4-1　发展中国家企业直接与间接出口比重

资料来源：WTO report 2016。

易通过这一方式参与全球价值链，但同样导致这些企业长期被“低端锁定”，难以向“微笑曲线”两端升级，在价值链治理中缺乏话语权。

三、中小企业沿价值链攀升的困境

由上述分析可知，中小企业参与价值链程度偏低，且长期被锁定在价值链低附加值环节，在价值链治理中难以发挥作用，其根本原因在于以下两个方面。

（一）中小企业难以负担参与价值链的高固定成本

中小企业参与价值链的固定成本具体包括以下几方面：首先，融资限制。中小企业生产经营风险较高，存在较大的融资困难。其次，信息不对

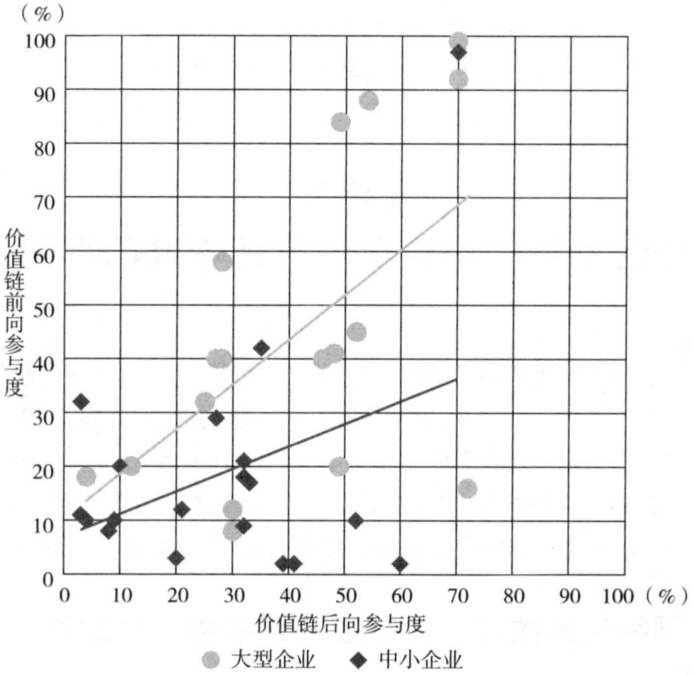

图 4-2　亚洲发展中国家中小企业价值链参与度

资料来源：世界银行企业调查数据库。

称。中小企业不了解贸易政策、清关流程和国际市场质量标准。再次，基础设施薄弱。港口、道路等物理基础设施和网络、通信等软性基础设施不够完善都将导致中小企业面临高昂的运输成本（Cusolito et al.，2016）。最后，供应链效率偏低。难以以较低成本获取高质量中间投入品，对市场需求变化反应不及时，存货周转周期较长。上述资源限制降低了中小企业参与价值链并获益的可能性。

（二）中小企业缺乏核心技术，数字鸿沟进一步加大了中小企业突破低端锁定的阻力

中小企业价值链升级困境来自网络营销技能缺乏、研发能力相对落后和高端人力资源缺失等核心竞争力劣势。同时，数字连通性能够加强价值链中企业之间的联系，但可能无法使所有价值链参与企业平等获益。具有

领先数字技术的大企业可能通过限制中小企业的数字连通性，或者垄断创新性数字系统来获取和巩固其垄断利润。因此，中小企业很容易随着价值链参与度加深而被锁定在以数字化为基础的生产网络低端。

第二节 数字经济推进中小企业价值链攀升的理论基础

本章从价值链升级理论框架出发分析数字经济推进中小企业价值链攀升的理论基础。首先，数字经济帮助中小企业与价值链生产网络形成连接；其次，数字经济一方面降低中小企业生产成本和交易成本，另一方面帮助中小企业进行数字化改造来创造新价值，为其重塑价值链攀升的驱动力；最后，数字经济通过网络效应帮助中小企业在价值链治理中获得话语权。

一、网络连接效应：数字经济帮助中小企业降低价值链连接难度

数字经济扩大数字连通性，降低中小企业参与价值链的固定成本。第一，互联网金融拓展中小企业融资渠道。互联网银行或众筹等新的融资工具可以补充中小企业的传统融资。第二，网络平台缓解中小企业信息不对称。建立中小企业网络平台可以加强产品出入境信息交流，降低监管合规成本。第三，网络基础设施帮助中小企业快速连接到价值链。稳定高效的互联网与移动互联基础设施帮助使中小企业快速学习新商业模式。第四，电子商务平台改造供应链体系。电商中小企业可以通过高频率、小批量在线购买货物来减少库存，快速适应利基市场需求。

二、成本节约效应：数字经济大幅降低中小企业交易成本

除了降低中小企业参与价值链的固定成本之外，数字经济还能大幅度降低中小企业的交易成本，甚至使其趋近于零，帮助中小企业节约运输、

渠道与品牌建立等费用（Goldfarb and Tucker，2019）。

（一）数字经济大幅度降低信息商品运输成本

数字技术大大削弱了地理距离的影响，但是并未将其完全消除。首先，线下零售依然会影响在线购物，两者存在替代性。其次，社交网络也是距离持续产生作用的因素。线上和移动社交网络一般是高度本地化的。最后，价值链具有关系型治理结构，产业集聚往往依赖信任与社交网络来形成。中小企业可以通过积极参与区域内主导企业所领导的国内价值链，为本地和国内分工网络提供中间品，实现间接参与全球价值链。

（二）数字经济使信息搜寻成本降至接近于零，帮助中小企业节约渠道费用

搜寻成本是指当市场存在信息不对称时，消费者在查找信息时所支付的费用、时间、精力及风险的总和。较低的搜寻成本方便消费者进行价格比较，迫使同质性产品价格下降并趋同，将扩大横向最流行商品和纵向最高质量商品的销售量，由此带来两端商品销售额提升，即长尾效应和巨星效应。因此，当中小企业由于资金限制无法实施多元化战略时，不如立足于某一垂直细分领域，打造高质量利基产品，实现价值链的工艺和产品升级。

（三）数字经济降低验证成本，并帮助中小企业创建数字声誉

在线评级系统可以为消费者提供平台内最佳产品的信息。中小企业可以有效利用低成本验证系统，专注于打造细分领域的拳头产品来提升流量和在线声誉，即使缺乏广告或营销经费，也可以获取口碑效应，提高产品影响力。数字营销能帮助中小企业最高节省57%的分销服务成本（AMTC，2018）。

三、价值创造效应：数字经济成为中小企业价值创造的新引擎

（一）数字技术帮助中小企业进行数字化改造来创造新价值

目前，基于供给侧的数字技术核心是工业互联网或者云计算等。工业

互联网的核心在于开放式物联网操作系统以及云计算 SaaS 平台，将中小企业的硬件机器设备、软件管理系统以及数字化应用 PaaS 云服务集成于一体，提供基于传统制造业企业核心业务的全流程闭环整体解决方案，搭建现实生产和虚拟生产的数字化路径，最终形成闭环价值创造，实现数字化转型。

（二）数字技术带来生产率效应

首先，产生替代效应。企业用成本更低的资本（机器人）替代低端劳动力，价值创造来自资本替代劳动的成本节约（Acemoglu，2019）。其次，带来要素增强效应。通过把低端重复性工作移交给人工智能后，劳动者得以专注于价值更高的活动来提升效率。最后，产生结构效应。数字技术等服务型业务的增长将重塑制造业中不同环节增加值的比重，服务环节的增长率高于制造环节，带来生产率结构性的提升。

四、价值链治理效应：平台驱动模式重塑价值链治理结构

（一）数字平台通过网络效应重构企业生产和销售网络

Libert 等（2016）根据创造价值的方式将公司分为四种商业模式：资产建设者、服务提供商、技术创造者和网络协调者。其中，数字公司等网络协调者是指通过扩大用户流量来创建网络价值的企业，因而具有较高的收入增长率和利润率（Brouthers et al.，2016）。数字经济使价值链治理模式由传统的消费者驱动或生产者驱动转变为平台驱动模式。一方面，中小企业可以深度嵌入数字平台主导的价值链，降低价值链参与成本（Wu and Gereffi，2018）；另一方面，基于平台的价值链治理模式也会导致中小企业分工进一步细化，对平台依赖程度加深。因此，良好的市场运作有赖于有效的垄断平台监管制度来避免市场失灵。

（二）数字技术通过大数据算法预测来重构供应链治理结构

数字技术将传统的线性供应链改造成以数据分析为核心的一体化供应链生态系统。通过基于物联网（IoT）的传感技术可以实时实现客户需求的追踪，通过算法优化大数据分析和预测准确性，再无时延地传输到供应

链各个环节，从后向关联角度重塑供应链治理结构。

第三节
数字经济助推中小企业价值链升级的机制分析

如图4-3所示，本章借鉴Mariscal和Taglioni（2017）的分析框架，将中小企业区分为全球价值链前向参与者和后向参与者，引入数字经济作为驱动力，刻画中小企业沿价值链攀升的机制与路径。

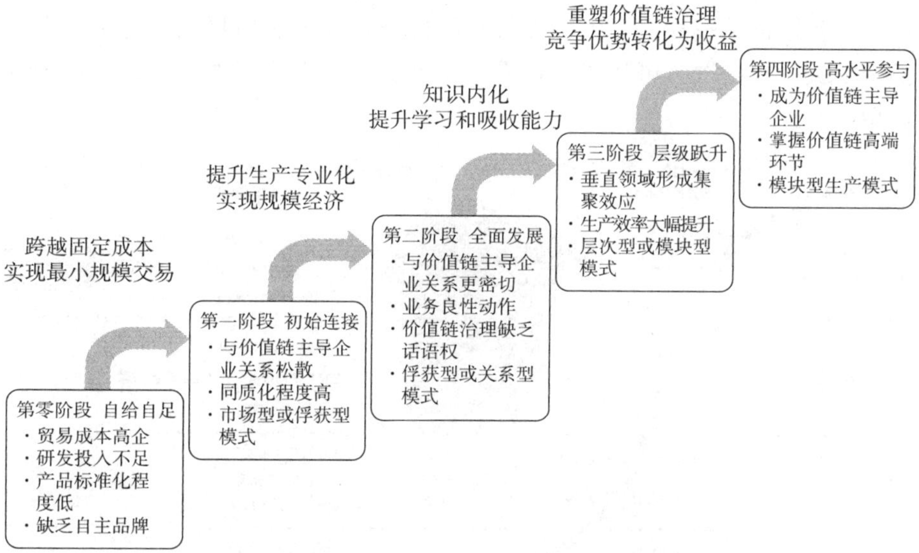

图4-3　中小企业沿价值链攀升路径

资料来源：笔者整理绘制。

一、初始连接阶段：数字经济降低价值链连接成本，推进企业工艺升级

中小企业在参与价值链之前是自给自足状态，该阶段典型特征主要包

括：第一，产品同质化程度极高，缺乏研发投入和自主品牌，产品质量不具备竞争优势；第二，生产过程标准化程度较低，难以满足国际高端客户的高质量需求；第三，与价值链主导企业没有任何关联，被排除在全球生产网络之外，开拓国际市场面临高额贸易成本。

如图 4-4 所示，中小企业沿价值链攀升第一阶段始于与价值链形成初始连接，在这一阶段的关键步骤在于跨越固定成本，达成连接关系并实现最小规模的交易。数字平台可以充分发挥中介机构的匹配作用，帮助中小企业与价值链产生连接，为其提供更多的市场信息，增强其在线寻找客户的能力，将其业务整合到在线平台上，帮助企业迈出开展国际业务的第一步。中小企业借由满足国际买家生产需求而提高生产技术、加强生产组织管理能力，完成工艺升级。该阶段典型特征为：中小企业规模较小，产品同质化程度仍然较高；业务流程与产品标准化程度有所提高；与平台公司的交易关系较松散，可替代性较强；价值链参与方式更加接近市场型或俘获型。

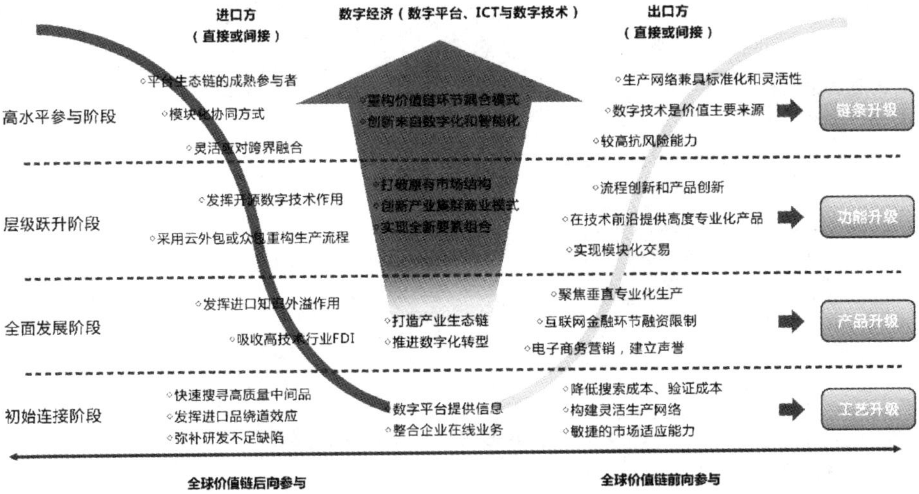

图 4-4　数字经济推动中小企业价值链攀升动态机制

资料来源：笔者整理绘制。

从前向参与的角度来看，数字平台一方面帮助中小企业降低融资成本、信息不对称程度等价值链参与的固定成本，形成网络连接；另一方面大幅度降低其运输和渠道费用等各类交易成本，构建更加灵活的生产网络，帮助中小企业形成敏捷的市场需求适应能力和富有弹性的供给曲线。例如，云计算帮助企业实现库存弹性管理来节约运输成本，线上销售大幅度降低企业铺货等渠道成本。从后向参与的角度来看，工业互联等数字技术帮助中小企业更加便捷地管理供应链；数字平台节约中小企业搜索高质量中间投入品的信息成本，以相对低价获取质优进口投入品，加强高质量进口品的“绕道效应”，避免研发能力不足导致的价值链低端锁定。

二、全面发展阶段：数字经济提升规模经济，推进企业产品升级

在第二阶段，关键步骤转变为生产专业化程度提升和规模经济的实现，由最小规模生产扩大至最小规模经济产量（MES）。中小企业应当准确聚焦细分领域的核心技能，实现垂直专业化的能力突破。数字经济的支持来自两方面：第一，围绕平台公司打造产业链生态闭环，使中小企业进一步精简业务流程，深度嵌入生产网络。第二，工业互联网和云计算等数字技术为中小企业数字化转型提供有力支持，帮助其实现生产过程智能化，推进产品升级。这一阶段的典型特征是：中小企业开始在细分领域实现并扩大产品差异化程度；通过对标国际标准而实现产品质量飞跃；与国际买家形成更紧密的联系，但是依然在价值链中缺乏话语权；价值链中附加值依然属于跨国公司垄断的外部技术、营销网络或行业国际标准；价值链治理依然保持俘获型，或逐渐由市场型转变为关系型。

从前向参与的角度看，数字平台公司降低中小企业的品牌声誉建立等成本；形成产业闭环帮助企业聚焦细分的垂直专业化产品范围，理解并满足出口产品的国际标准，在垂直专业化领域进行深耕；应用数字技术对企业业务流程逐渐进行数字化改造，从低端简单产品转向更复杂和标准化产品，实现产品升级。从后向参与的角度看，数字技术通过替代效应和要素增强效应帮助中小企业完成生产要素升级，提升其劳动生产率；企业通过数字平台进一步加强进口品的多样性和高质量，充分享受进口中间投入品的技术外溢效果，为下一步知识内化奠定坚实基础。

三、层级跃升阶段：数字经济推动知识内化，实现企业功能升级

当进入第三阶段时，关键步骤转变为学习和吸收能力的提升，将外来技术通过人力资本积累进行知识内化，向微笑曲线两端跃升，实现功能升级。数字平台的网络效应具有打破原有市场结构的强大动能，在企业集群中实现商业模式和技术创新。该阶段的典型特征是：企业在高质量制成品领域逐渐形成比较优势；国内价值链附加值将逐渐取代全球价值链附加值，对外国依赖度降低，内部价值急剧上升；初步具备了重塑全球产业格局的能力；价值链治理模式也逐渐转变为层次型或模块型。

从前向参与的角度来看，数字技术通过结构效应推进制造业产品服务化，帮助企业加速实现流程创新、产品创新和管理创新，寻求新的要素组合方式，创新生产函数来获取更大的竞争优势。在技术前沿提供高度专业化产品，进一步专注核心竞争力，逐步实现模块化交易。从后向参与的角度来看，企业充分发挥开源数字技术的作用，如智能制造、云计算等技术，采用云外包或众包方式来重构生产流程，将生产流程通过数字化改造实现投入服务化；通过灵活组装全球通用的中间品来逐渐转变为模块化制造，快速实现利润。

四、高水平参与阶段：数字经济重塑价值链治理结构，推进企业链条升级

到第四阶段，中小企业已经完成了价值内化和积累过程，并成为价值链中的成熟参与者。在此阶段关键步骤在于寻求价值链治理结构重塑，将竞争优势转化为贸易利得。在线平台和数字系统完全打破产业边界，基于大数据算法对价值链进行全面数字化改进，对企业业务环节耦合模式进行革命性重塑，构建全新的利润增长模式。数字技术成了价值链治理整合的核心与附加值的主要来源。该阶段的典型特征是：产品高度复杂化和定制化；牢牢把握价值链最高端环节，即产品创新、新产品设计和智能制造等大数据工业化环节；对自身领域的价值链治理结构和标准制定具有绝对话语权；企业参与模式以成熟的模块化为主；企业实现不同行业间产品跨界

融合，最终实现链条升级。

从前向参与角度来看，基于数字技术的灵活生产网络将推进价值链参与企业的生产流程同时兼具标准化和灵活性。差异化主要来源于创新和智能化程度，产品极度缺乏弹性，被模仿和被替代的难度极大，在全球市场竞争中具有较强抗风险能力。从后向参与角度来看，数字技术通过大数据实时搜集与算法将供应链由线性模式转化为生态闭环，搭建以数据中台为核心的数字化虚拟生产和现实生产的协同系统，持续推动供应链朝技术前沿面不断改进，重构供应链治理结构。

第四节 数字经济促进我国中小企业价值链攀升的政策建议

通过借鉴美德日等发达国家的国际经验，本章从保障数字连通性和建立全面制度保障等方面出发，对我国数字经济促进中小企业价值链攀升提出如下政策建议：

一、构建高效的数字化基础设施，实现数字连通性全面升级

第一，全面铺设高效硬件和软件基础设施。加大政府主导的数字基础设施投资，突破数字技术的基础设施和瓶颈技术障碍，着重加强制造业领域数字技术投入力度。加速推进战略新兴产业领域基础设施的数字化进程，设立互联网交换点。允许建设竞争性电信和网络基础设施。第二，建设数字技术一体化框架工程。鼓励政府全面构建涵盖感知层、通信网络和计算存储资源的集约化新型智慧城市支撑体系，为建设新型智慧城市提供计算、存储、网络、数据采集等服务。

二、实施竞争性法规监管，构建富有活力的营商环境

第一，出台广泛性竞争政策，避免数字鸿沟带来市场扭曲。创建良好

的监管环境，出台实施有效的数字经济竞争法规，鼓励企业自主进入和退出市场。取消电信、互联网等行业的监管障碍，提高监管透明度。提升初创企业和风险投资进入数字行业的积极性，推动数字技术更广泛应用。第二，减少数字贸易壁垒，充分发挥进口“绕道效应”。实施多方举措改善数字贸易政策和交易环境，进一步简化海关手续和流程，降低非关税壁垒，提升贸易便利化程度。第三，制定平台竞争法律规范，实施数字经济监管。制定数字经济相关法规，促进数字经济竞争。鼓励互联网平台企业创造新商业模式，保护竞争性市场结构，减少由于平台垄断带来的效率和福利损失。

三、将数字安全提升到战略高度，保障企业数字主权

第一，构建数字安全监督体系。确立以数字身份认证为核心，将云计算、大数据、人工智能及区块链信息技术全方位应用于身份安全、移动安全、大数据安全和云安全等数字安全领域。第二，制定数字隐私法律规范。出台个人数据信息合规使用规范框架，从数据收集、数据使用与留存、数据安全保护、第三方披露、数据跨境转移和数据主体权利等方面进行系统性管控，消除中小企业拓展数字化业务的后顾之忧。

四、构建全面互联网治理体系，确保数字经济良性运行

第一，从网络根源技术实现突破，抢占互联网治理格局的制高点。积极探索互联网路由认证，打破互联网的底层垄断，引导全球互联网治理摆脱发达国家控制的域名系统集权式树状结构，向分权式森林体系演进，实现共享共治。第二，将数字技术充分应用于互联网治理框架。积极探索互联网法院和数字技术判案等新技术，将法律知识图谱技术、区块链技术、人脸识别技术、云识别技术等融入互联网治理的总体框架中。第三，积极探索互联网治理立法。将统一立法与分散立法相结合，针对网络内容监管、电子商务、知识产权保护、网络犯罪等问题开展专门立法，进一步规范数字经济的良性运行。

第五章

数字产业化分析

——以软件和信息技术服务业为例

第一节 软件业SCP分析

一、软件和信息技术服务业内涵与外延

（一）软件和信息技术服务业内涵

软件和信息技术服务业是指对信息传输、信息制作、信息提供和信息接收过程中产生的技术问题或技术需求所提供的服务。

在此需要特别指出的是，“软件和信息技术服务业”与人们日常所用的“电子信息产业”容易产生概念上的混淆。依据《电子信息产业行业分类注释（2005—2006）》和国家统计局行业分类标准，电子信息产业包括雷达工业行业、通信设备工业行业、广播电视设备工业行业、电子计算机工业行业、软件产业（软件及信息技术服务业）、家用视听设备工业行业等12个行业、产业，共46个门类（详见表5-1）。换而言之，电子信息产业不仅包括软件产业，还包括硬件制造相关的产业，因而它与软件和信息技术服务业属于包含关系，前者包含后者。

表5-1 软件和信息技术服务业范围

65		软件和信息技术服务业	
651	6510	软件开发	指为用户提供计算机软件、信息系统或者设备中嵌入的软件，或者在系统集成、应用服务等技术服务时提供软件的开发和经营活动；包括基础软件、支撑软件、应用软件、嵌入式软件、信息安全软件、计算机（应用）系统、工业软件以及其他软件的开发和经营活动
652	6520	信息系统集成服务	指基于需方业务需求进行的信息系统需求分析和系统设计，并通过结构化的综合布缆系统、计算机网络技术和软件技术，将各个分离的设备、功能和信息等集成到相互关联的、统一和协调的系统之中，以及为信息系统的正常运行提供支持的服务；包括信息系统设计、集成实施、运行维护等服务

续表

65		软件和信息技术服务业	
653	6530	信息技术咨询服	指在信息资源开发利用、工程建设、人员培训、管理体系建设、技术支撑等方面向需方提供的管理或技术咨询评估服务；包括信息化规划、信息技术管理咨询、信息系统工程监理、测试评估、信息技术培训等
654	6540	数据处理和储存服务	指供方向需方提供的信息和数据的分析、整理、计算、编辑、存储等加工处理服务，以及应用软件、业务运营平台、信息系统基础设施等的租用服务；包括各种数据库活动、网站内容更新、数据备份服务、数据存储服务、在线企业资源规划（ERP）、在线杀毒、电子商务平台、物流信息服务平台、服务器托管、虚拟主机等
655	6550	集成电路设计	指IC设计服务，即企业开展的集成电路功能研发、设计等服务
659	6591	数字内容服务	指数字内容的加工处理，即将图片、文字、视频、音频等信息内容运用数字化技术进行加工处理并整合应用的服务
	6592	呼叫中心	指受企事业单位委托，利用与公用电话网或互联网连接的呼叫中心系统和数据库技术，经过信息采集、加工、存储等建立信息库，通过固定网、移动网或互联网等公众通信网络向用户提供有关该企事业单位的业务咨询、信息咨询和数据查询等服务
	6599	其他未列明信息技术服务业	

资料来源：国家统计局行业分类标准。

软件和信息技术服务业是关系国民经济和社会发展全局的基础性、战略性、先导性产业，具有技术更新快、产品附加值高、应用领域广、渗透能力强、资源消耗低、人力资源利用充分等突出特点，对经济社会发展具有重要的支撑和引领作用。发展和提升软件和信息技术服务业，对于推动信息化和工业化深度融合、培育和发展战略性新兴产业、建设创新型国家、加快经济发展方式转变和产业结构调整、提高国家信息安全保障能力和国际竞争力具有重要意义。

（二）软件和信息技术服务业外延

基于软件和信息技术服务业的定义，其外延包含行业分类标准中的一个二位数行业，细分为六个三位数行业和八个四位数行业。其业务形态主要包括但不限于信息技术咨询、信息技术系统集成、软硬件开发、信息技术外包（ITO）和业务流程外包（BPO）。鉴于其产品形态多样和其浓厚的服务业性质，结合数据的可得性，本书将不涉及具体某种产品的研究，而主要以《软件和信息技术服务业统计报表制度》（2013~2014 年）中对各细分行业指标的解释为依据进行研究。

二、国内供求状况

鉴于软件与信息技术服务业属于服务行业，具有服务行业共有的不可贸易性，难以通过统计某类产品的产量和消费量的方式进行供求状况分析。本书以《电子信息统计年鉴（软件篇）》的统计信息为基础，以市场规模近似地替代说明国内需求状况，以公司数近似地替代说明国内的供给状况，作为 SCP 分析的行业背景与分析基础。

（一）国内需求状况

市场规模（Market Size），即市场容量，市场规模主要是研究目标产品或行业的整体规模，可能包括目标产品或行业在指定时间内的产量、产值等。本书以软件与信息技术服务业的四位数细分市场业务收入作为衡量市场规模的指标（详见表 5-2）。

表 5-2　2011~2015 年国内软件行业业务收入状况　　单位：万元

年份	软件业务总收入	软件产品收入	信息技术服务收入	嵌入式系统软件收入
2011	188489906	61921546	95830650	30737710
2012	247937524	78572419	129448960	39916145
2013	305874743	98768381	160305340	46801022
2014	370264197	121984962	187110900	61168335
2015	428479159	136561432	222109514	69808213

资料来源：2011~2015 年《电子信息统计年鉴（软件篇）》。

需要特别指出的是，2011～2015 年《电子信息统计年鉴（软件篇）》软件业务收入的统计口径在 2014 年进行了一次调整。2011～2013 年，软件业务收入分为软件产品收入、信息系统集成服务收入、信息技术咨询服务收入、数据处理和运营服务收入、嵌入式系统软件收入和集成电路（IC）设计收入六个项目；2014～2015 年，软件业务收入分为软件产品收入、信息技术服务收入和嵌入式系统软件收入三个项目，即将除“软件产品收入”和“嵌入式系统软件收入”以外的四项合并为“信息技术服务收入”，并且年鉴中单列了所有软件业务收入中软件外包服务收入一项。为了便于对国内需求状况进行纵向比较，本书统一采用调整后的统计口径，对 2014 年以前的数据进行了调整。

从图 5-1 可以看出，2011～2015 年软件与信息技术服务业全行业业务收入普遍呈上升趋势。这说明近五年来伴随着我国信息化进程的不断推进，国内对软件行业为代表的高新技术产业的市场需求急剧增长，并且在未来依然将保持迅猛增长的势头。

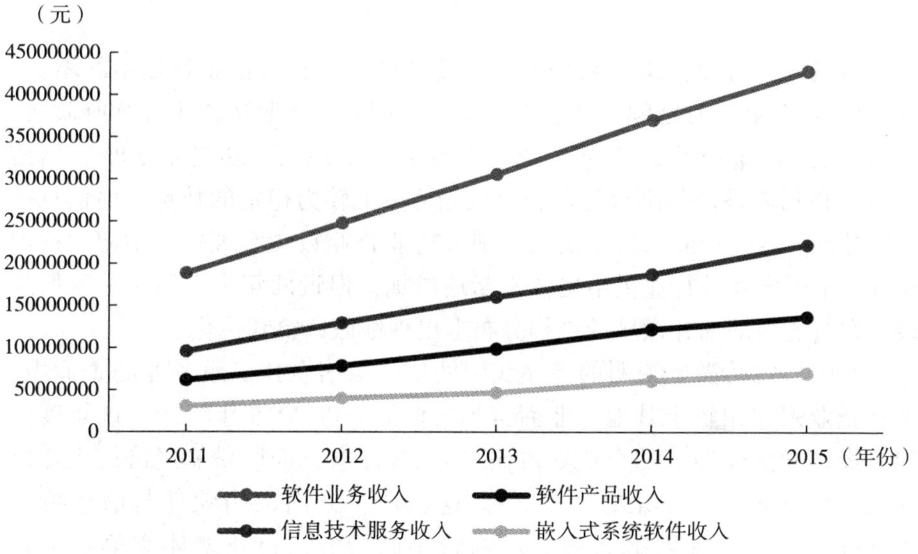

图 5-1　2011～2015 年国内软件行业需求状况变化趋势

资料来源：2011～2015 年《电子信息统计年鉴（软件篇）》。

（二）国内供给状况

公司是提供软件与信息技术服务的主体，本书以行业内的公司数量近似地替代作为衡量国内供给状况的指标（详见表 5-3）。

表 5-3 2011~2015 年国内软件与信息技术服务业公司数统计

单位：个

年份	软件产品行业	信息技术服务行业	嵌入式系统软件行业	合计
2011	14089	8585	2049	24723
2012	15746	10769	2690	29205
2013	18932	11462	2941	33335
2014	20526	12943	3633	37102
2015	19821	14670	3731	38222

资料来源：2011~2015 年《电子信息统计年鉴（软件篇）》。

由图 5-2 可知，2011~2015 年，我国软件行业的企业数量不断增长，尤其在 2013 年以前增幅较大，转入 2014 年以后企业数量增长有所放缓。从结构上来看软件产品细分行业的企业数比重最大，超过了 50%，然而 2014 年以后软件产品细分行业企业数保持一个较为稳定的数量，而信息技术服务细分行业和嵌入式系统软件细分行业企业数量实现较大增幅。这说明五年来国内软件行业供给也在不断地增加，但近两年来在数量上有所放缓，在行业内部细分领域的结构分布上出现细微调整和优化。

其中，尤其需要说明的是在我国的软件与信息技术服务业的企业中，国有企业占比相较于其他行业而言是较低的。以 2015 年为例，该年度内国有经济和集体经济的企业数占比仅为 3%左右，而股份制经济的企业成为软件行业的主体（详见图 5-3）。这也从一方面说明软件与信息技术服务业是一个受国家垄断势力影响较小的行业，行业整体竞争水平较高。因而在下文的市场结构分析中，本书将不对行业的退出壁垒进行分析。

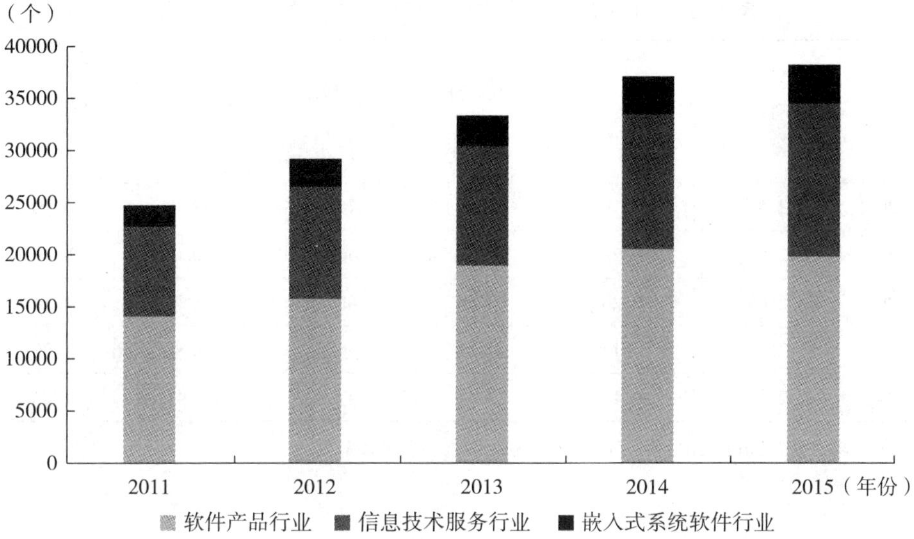

图 5-2 2011~2015 年国内软件行业企业数量变化趋势

资料来源：2011~2015 年《电子信息统计年鉴（软件篇）》。

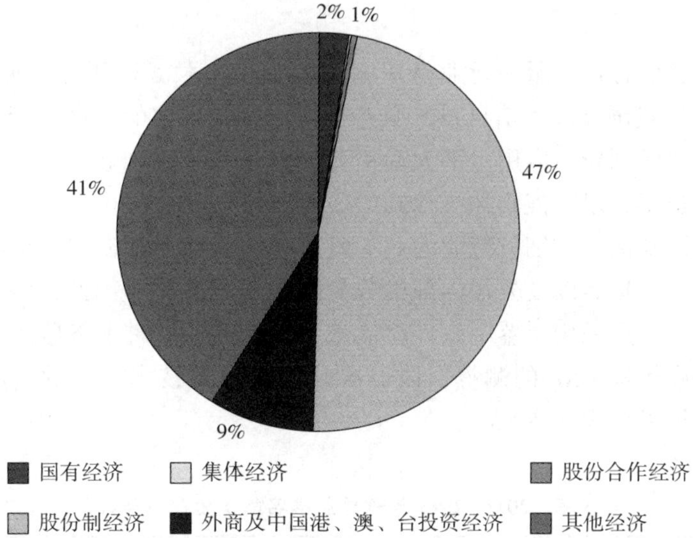

图 5-3 2015 年国内软件行业企业性质分布与比重

资料来源：2011~2015 年《电子信息统计年鉴（软件篇）》。

表 5-4　2011~2015 年国内软件行业企业性质分布与比重　单位：%

年份	国有经济	集体经济	股份合作经济	股份制经济	外商及中国港、澳、台投资经济	其他经济
2011	2.57	0.19	0.54	46.35	11.34	39.00
2012	2.92	0.24	0.58	46.77	10.83	38.67
2013	2.62	0.20	0.56	45.15	9.32	42.14
2014	2.43	0.17	0.44	46.38	8.88	41.70
2015	2.37	0.17	0.47	47.39	8.41	41.20

资料来源：2011~2015 年《电子信息统计年鉴（软件篇）》。

三、市场结构分析

（一）市场集中度

软件和信息技术服务行业是知识密集型和技术密集型的行业，“十二五”以来，我国软件和信息技术服务业得到持续快速的发展，产业规模迅速扩大，技术创新与应用水平大幅提升。但是由于我国起步较晚，行业发展处于成长期，以往搜集与统计到的数据并不齐全，目前，该行业的三级分类科目以及往下的细分行业的业务收入总数虽然可以获得，但具体细分行业内公司的排名以及公司内部细分的数据难以获得，因此，本书市场结构的研究，重点采用年鉴中软件与信息技术企业的软件业务收入数据进行市场集中度指标 CRn 的测算，以得出软件与信息技术企业的市场势力状况，测算结果见表 5-5。

表 5-5　2011~2015 年软件业排名前十企业业务收入　单位：元

企业	2011 年	2012 年	2013 年	2014 年	2015 年
行业软件业务总收入	188489906	247937524	305874743	370264197	428479159
华为技术有限公司	8503849	10177282	12162721	14817073	17861603

续表

企业	2011 年	2012 年	2013 年	2014 年	2015 年
中兴通讯股份有限公司	3808000	—	4628000	4004552	4600000
海尔集团公司	3024598	3785032	4012514	4080220	4122240
浪潮集团有限公司	775126	953682	1150331	1364293	1615323
海信集团有限公司	505438	553782	1003048	1133763	1128593
南京南瑞集团公司	528783	742043	1003398	1042212	1051215
杭州海康威视数字技术股份有限公司	426302	504624	698127	851315	1016933
中国银联股份有限公司	467433	598637	738263	756461	924136
株洲南车时代电气股份有限公司	505888	465764	626912	712300	921335
航天信息股份有限公司	446046	566275	469334	737553	913412

资料来源：2011~2015 年《电子信息统计年鉴（软件篇）》、华为公司年报与国泰安数据库。

表 5-6 是 2011~2015 年，软件业务市场集中度的测算结果。从表中可以看出，包含不同企业数量的市场集中度指数都呈下降趋势，近五年，一家企业的市场集中度占了前八家企业的一半以上。根据本恩的市场结构分类法，软件业务 CR_8 五年来均小于 30%，因此中国软件与信息技术服务市场属于竞争型市场。从目前的测算结果来看，我国的软件与信息技术服务行业 CR_8 均小于 10%，由于行业属于成长阶段，新进入的企业数量大幅增加，导致排在前八的企业软件业务收入增长产生的对市场集中度的作用不明显，甚至作用效果被稀释了。

表 5-6　2011~2015 年软件业业务收入 CR_n 指数　　单位：%

指数＼年份	2011	2012	2013	2014	2015
CR_1	4. 51	4. 11	3. 98	4. 00	4. 17
CR_2	6. 53	4. 10	5. 49	5. 08	5. 24
CR_3	8. 14	20. 79	6. 80	6. 19	6. 20
CR_4	8. 55	25. 08	7. 18	6. 55	6. 58

续表

指数＼年份	2011	2012	2013	2014	2015
CR_6	9.10	35.18	7.83	7.14	7.09
CR_8	9.57	41.26	8.30	7.58	7.54

资料来源：2011~2015 年《电子信息统计年鉴（软件篇）》、华为公司年报与国泰安数据库。

（二）规模经济

规模是通过最小经济规模（MES）来进行测量，是指使得长期平均成本曲线达到最低点的最小产量。然而由于软件与信息技术服务业属于服务行业，其 MES 相对较难获得，本书采用规模数量比近似地替代测算产业规模经济程度（详见表 5-7）。

表 5-7　2011~2015 年软件行业规模数量比

年份	软件行业	软件产品行业	信息技术服务行业	嵌入式系统软件行业
2011	7624.070946	4395.027752	11162.56843	15001.3226
2012	8489.557405	4989.992316	12020.51815	14838.71599
2013	9175.783501	5217.007236	13985.80876	15913.30228
2014	9979.62905	5942.948553	14456.53249	16836.86623
2015	11210.27573	6889.734726	15140.3895	18710.32243
合计	46479.31663	27434.71058	66765.81734	81300.52952

资料来源：2011~2015 年《电子信息统计年鉴（软件篇）》。

由于在行业年鉴和行业统计报表中无法获得排名 100 位以后的公司名单，本书无法精确度计算软件行业实现了规模经济的比重。以第 15 届中国软件业务收入前百家企业①为例，第 100 位为北京易华录信息技术股份有限公司，其软件业务收入为 133355 万元，远远超过 2015 年的 11210.27573 万元的平均行业规模，约为其 11.9 倍。

然而从动态的行业规模比来看，软件与信息技术服务业的行业 RSN 与

① 资料来源于《2016 年第 15 届中国软件业务收入前百家企业发展评述》。

细分行业 RSN 普遍呈上升趋势，其中上升幅度最大的为软件产品这一细分行业，增幅达到 56.76%。这说明随着软件与信息技术服务业的迅速发展，行业的 MES 也在不断上升。

表 5-8 2011~2015 年软件行业 RSN 变化

年份	软件行业	软件产品行业	信息技术服务行业	嵌入式系统软件行业
2011	0.164031477	0.16019953	0.167189872	0.184516911
2012	0.182652371	0.181886093	0.180040006	0.182516843
2013	0.197416489	0.190160826	0.209475587	0.195734301
2014	0.214711183	0.216621514	0.216525957	0.207094177
2015	0.24118848	0.251132036	0.226768579	0.230137768

资料来源：2011~2015 年《电子信息统计年鉴（软件篇）》。

（三）进入壁垒

资本是高新技术产业和信息化产业的重要投入要素之一，其对行业的市场结构、进入壁垒起着重要作用，对于软件和信息技术服务产业来说也是如此。因此，本书采用软件与信息服务产业的人均资本指标表示该行业的资本密度，作为进入壁垒的替代指标。首先，如果进入行业需要大量的资本投入，潜在进入者可能因为不能筹集到大量的资本而不得不放弃进入该行业；其次，在资本中占有较大比重的研发成本可能转化为沉没成本，研发的风险性较大，沉没成本的规模越大，就意味着行业的进入壁垒也就越高，测算结果见表 5-9。

表 5-9 2012~2015 年软件和信息技术服务产业人均资本测算

项目	2012 年	2013 年	2014 年	2015 年
固定资本投资总额（万元）	12078537	14099008	11349483	16464418
全体从业人数（人）	4184030	4702392	5457806	5742713
人均资本规模（万元/人）	2.89	3.00	2.08	2.87

资料来源：2012~2015 年《电子信息统计年鉴（软件篇）》。

由表 5-9 和图 5-4 可以看出，软件与信息技术服务行业的人均资本存量近年来几乎保持水平，资本密度相对而言比较低下，保持在 3%以下，使得产业外的中小企业很容易跨过行业进入壁垒进入行业。从数据可以看出，行业固定资本投入从 2012~2015 年不断增加，距离前一峰值 2013 年的固定资本投资增加了 230 万元左右，同时从业人员增长了 20 万左右，大多数企业挤进该新兴行业内，拉低了产业的整体生产效率，也降低了产业的市场集中度。

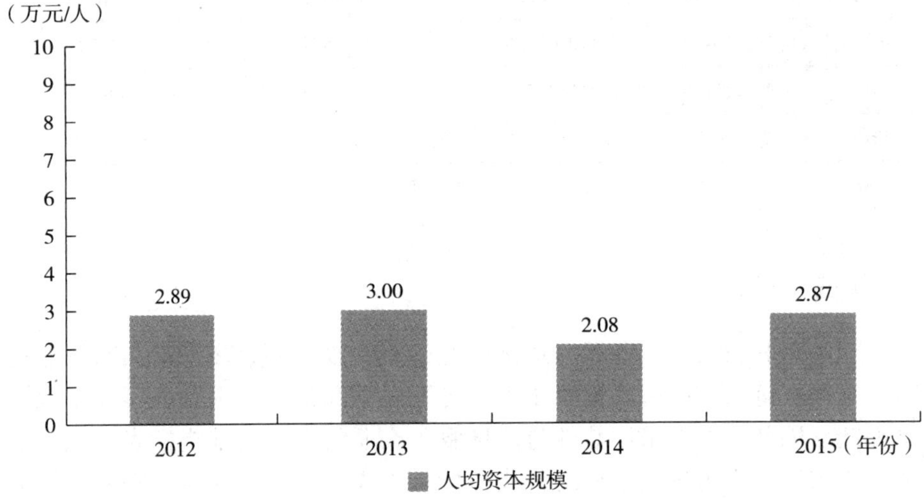

图 5-4　2012~2015 年钢铁产业人均资本变化趋势

资料来源：2012~2015 年《电子信息统计年鉴（软件篇）》。

除此之外，由于软件与信息技术服务产业属于知识密集型和技术密集型产业，因此需要大量的研发经费投入，其对行业的市场结构、进入壁垒起着重要作用。本书采用人均研发经费代表行业的技术密集程度，由统计结果可知，2011~2015 年的人均研发经费较高且呈稳定上升趋势，2015 年的增长趋势相对于前几年增长幅度更大。由于存在较高的人均研发经费投入，导致潜在进入者需要筹集大量的资金进行研发，从而使得行业的进入壁垒较高（详见图 5-5）。同时由于研发成本可能转化为沉没成本，存在一定的风险性，也会进一步提高进入该行业的壁垒，测算结果见表 5-10。

表 5-10　2011~2015 年软件和信息服务产业人均研发经费

项目	2011 年	2012 年	2013 年	2014 年	2015 年
研发经费（万元）	16858751	21737824	25981192	31325094	39069513
从业人员年末人数（人）	3439261	4184030	4702392	5457806	5742713
人均研发经费（万元/人）	4. 90	5. 20	5. 53	5. 74	6. 80

资料来源：2011~2015 年《中国电子信息统计年鉴（软件篇）》。

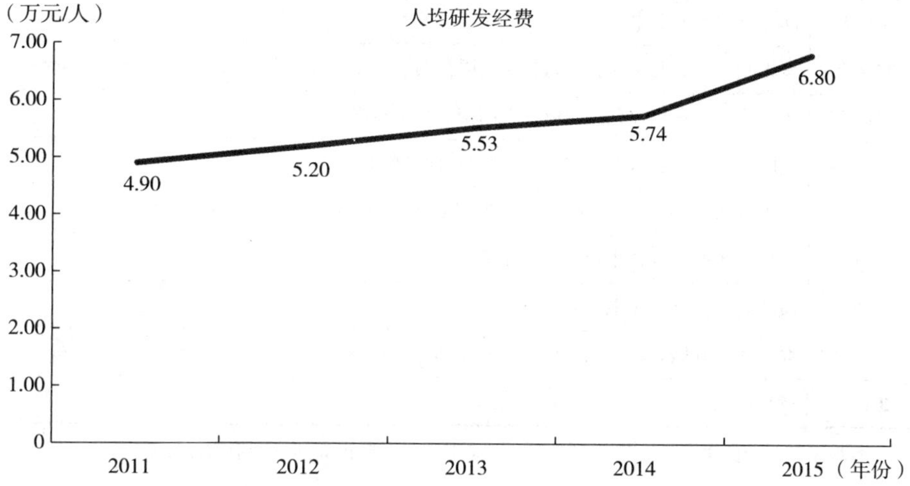

图 5-5　2011~2015 年钢铁产业人均资本变化趋势

资料来源：2011~2015 年《中国电子信息统计年鉴（软件篇）》。

四、市场行为分析

（一）并购行为

并购是具有市场势力的产业中企业行为的典型代表，由于混合并购测算并无合适的测算指标来代替，因此，本书主要分析软件与电子信息产业的横向并购与纵向并购。

1. 横向并购

近年来，随着软件与电子信息产业的高速发展，企业间的优胜劣汰愈加激烈，平均每年都有成百上千大大小小的企业调整战略进行兼并重组以适应产业的发展。企业之间通过横向并购扩大企业规模，增加市场份额占有量，降低生产研发成本，提高企业经济效益，使企业在竞争中更占优势，同时促进软件与电子信息产业的稳定协调发展（详见表5-11）。

表5-11 软件与电子信息产业近年横向并购重大事件

2011年	华为收购赛门铁克持有的华为赛门铁克科技有限公司
2013年	同方收购壹人壹本
2014年	紫光股份收购北京西合网云科技有限公司、东土科技收购北京拓明科技有限公司
2014年	腾讯收购大众点评和科菱航睿空间信息技术有限公司
2014年	优酷并购土豆、人人网并购56网、百度并购PPS
2015年	华为收购Amartus公司旗下电子通信网络管理业务
2015年	海信集团收购夏普墨西哥工厂全部股权及资产
2016年	海尔收购美国通用电气公司
2016年	联想集团并购日本著名电子企业富士通电脑业务
2016年	腾讯收购Supercell

资料来源：中国电子信息行业联合会——企业资讯、腾讯新闻、新浪财经等新闻。

2. 纵向并购

纵向一体化程度是测算纵向并购程度的重要指标，本书主要采用软件与电子信息产业中几家具有代表性的企业——华为技术有限公司、中兴通讯股份有限公司、海尔集团、海信集团、浪潮集团的财务数据来测算整个软件与电子信息产业的资产专用化水平（王斌、王乐锦，2016），根据产业经济学理论，一个产业中的资产专用化程度越高，将形成越强的市场势力，从而这些主导企业将获取更多的垄断利润（详见表5-12）。

表5-12 2011~2015年软件与电子信息产业纵向一体化程度测算

单位：元

项目	2011年	2012年	2013年	2014年	2015年
固定资产净值	46224630949	54207840884	59029295141	68489519305	88094875404

续表

项目	2011 年	2012 年	2013 年	2014 年	2015 年
流动资产	291111383301	307830889563	343719963414	418044374392	471137349881
X1	0. 158786752	0. 176096171	0. 171736592	0. 163833132	0. 186983425
主营业务收入	181154163555	186636044145	186900365045	195903095300	215950273542
营业收入	384394771159	419658427447	432800385440	495448682655	596456622835
X2	0. 471271144	0. 444733221	0. 431839646	0. 395405422	0. 362055287
资产总额	337336014250	362038730447	402749258555	486533893697	559232225286
X3	26. 54434535	26. 61501703	26. 72158002	26. 9105724	27. 04983065

资料来源：国泰安数据库及华为公司年报。

根据表中的测算结果，X1 代表了固定资产净值与流动资产比值，代表一个行业资产专用性程度，这一指标较低，与电子信息产业自身运营的特点符合，这一指标总体呈上升的趋势，说明软件与电子信息产业的纵向一体化程度有所增强。X2 表示主营业务收入占营业收入比重，表示资产专用性资产获利能力，这一指标呈现逐年下降的趋势，与近年来企业频繁的跨行业收购与投资活动有关。然而 X3 资产总额对数所代表的资产规模呈缓慢上升趋势，即企业规模呈扩大趋势。这三个指数体现了软件与电子信息产业的纵向一体化程度的逐渐提高趋势。

（二）研发活动

软件和电子信息产业是知识密集型产业，对人才和技术的要求较高，产品更新换代周期短，研发是企业生存发展的基础，也是企业立足市场的根本，更是企业竞争力的关键，这就要求企业在研发费用和人员上的投入。研发投入有其必要性：第一，研发出的新技术能抢占先机，迎合市场的需求，在市场中获得更高的份额，是企业销售盈利的重要手段。第二，研发出的新技术申请专利后可能形成技术性进入壁垒，从而使在位企业可以得到更多的垄断利润。第三，研发投入促进创新，为我国创新以及电子信息产业注入源源不断的活力（见表 5-13）。

表 5-13　2011~2015 年软件和信息技术服务业科研活动统计

项目＼年份	2011	2012	2013	2014	2015
研发经费（万元）	16858751	21737824	25981192	31325094	39069513
软件业务收入（万元）	188489906	247937524	305874743	370264197	428479159
研发强度	0. 089441134	0. 087674603	0. 08494063	0. 08460201	0. 09118183
从业人员年末人数（人）	3439261	4184030	4702392	5457806	5742713
软件研发人员（人）	1420363	1755754	1797835	2451852	2832712
研发人员占比	0. 412984941	0. 419632268	0. 38232351	0. 44923766	0. 49327069

资料来源：2011~2015 年《中国电子信息统计年鉴（软件篇）》。

本书主要通过三个指标来测算钢铁产业的研发活动，分别是从资本投入来测算研发强度，从人员投入来测算科研人员占比和从产出角度来测算专利数量。从表 5-14 中的数据可以看出，研发强度较稳定，虽有所波动但始终保持在 8%~9%，2015 年超过 9%，有所增加。研发人员占比较高，2011~2015 年总体呈现上升的趋势。总体来看，软件与电子信息产业科研投入较多，研发强度和研发人员占比都有增加的趋势，顺应了近年来该产业的高速发展步伐。

表 5-14　2011~2015 年主要电子信息企业授权专利数

企业＼时间	截至 2011 年	截至 2012 年	截至 2013 年	截至 2014 年	截至 2015 年
华为	23522	30240	36511	38825	50377
中兴	超过 12000	超过 14000	超过 15000	超过 17000	超过 24000
海尔	—	—	—	—	16316
海信	—	—	—	—	近 9000
浪潮	2015 年一年申请专利达 3500 项				

资料来源：华为、中兴企业年报及海尔、海信、浪潮官网。

由于软件与电子信息产业的总体专利数难以在年鉴中找到，故通过对该产业中具有代表性的几家企业授权专利数进行统计分析从而得出产业的概况。其中华为、中兴的企业年报较具体，数据齐全，而海尔、海信和浪潮的企业数据尚有缺失。尽管如此，从表中仍能看出几家企业的专利申请数较多，与企业的研发投入密切相关，但各企业存在一定的差距，与其自身对研发的投入不同有关。

（三）广告投入

近年来，随着电子信息产业的规模扩大，企业数量增加，产品的同质性程度也较高，在此情况下，特色的广告与销售方法对企业占有市场份额作用较明显。本书采用销售费用占主营业务收入的比重来作为广告投入的替代指标（张柏杨，2015），销售费用的统计口径比广告费用略宽，包括广告费、包装费、品牌营销费、销售部门人员工资和物料消耗等。其中销售费用和主营业务收入均是采用产业内具有代表性的几家企业的财务数据。

由表5-15中的数据可以看出，软件与电子信息产业的广告投入占比逐年增加，将会加大产品异质性程度，从而提高市场势力。

表5-15　2011~2015年软件与电子信息产业产业广告投入统计

项目＼年份	2011	2012	2013	2014	2015
销售费用	56326533924	61628225135	60901868970	71924522015	89937368956
主营业务收入	181154163555	186636044145	186900365045	195903095300	215950273542
广告投入占比	0. 31093149	0. 330205376	0. 32585206	0. 367143367	0. 416472586

资料来源：国泰安数据库及华为公司年报。

五、市场绩效分析

（一）收益率

收益率是测算市场绩效的最重要指标。传统的利润率测算指标受到众多批评，主要集中在对于资本成本、折旧、税率、负债以及风险的处理上（Fraumeni and Jorgemon，1980）。本书采取优化的收益率指标，即 ROA 指标和 ROE 指标，将分子确定为净利润，而非息税前利润 EBIT，减去了资本成本利息和所得税费用，同时剔除了利息、折旧和税率的影响。再进一步采用 ROE 指标，分母在资产总额中减去负债得到所有者权益，从而剔除负债的影响。

表 5-16　2011~2015 年中国电子信息产业——软件和电子信息服务业收益率统计

单位：万元

项目 \ 年份	2011	2012	2013	2014	2015
利润总额	27963707	33657511	38305293	48262878	57657000
应交所得税	4291528	8662617	5508143	5916115	7152318
净利润	23672179	24994894	32797150	42346763	50504682
资产总计	284265595	397174514	445894675	519570041	618104968
NROA	8. 33%	6. 29%	7. 36%	8. 15%	8. 17%
所有者权益（年初）	114491148	272598521	164030235	186028651	240323881
所有者权益（年末）	160499403	225894051	222696257	261408743	301353459
ROE	14. 75%	11. 06%	14. 73%	16. 20%	16. 76%

资料来源：2011~2015 年《中国电子信息统计年鉴（软件篇）》。

测算结果表明，电子信息产业——软件和电子信息服务业收益率较高，其中 NROA 整体呈下降趋势，说明软件和电子信息服务业的负债率上升，债务风险加剧，而 ROE 在 2012 年下降幅度较大，之后则呈现缓慢的上升趋势，这说明在 2012 年电子信息行业的负债率上升，债务风险加剧；在 2011~2015 年这四年内缓慢上升，一方面来源于整个行业的负债率有所下降，另一方面也归因于电子信息行业的净利润的快速增长。

综合 NROA 和 ROE 这两个指标，可以得出软件和电子信息服务业产业收益率较高，且呈上升趋势。

（二）价格——平均可变成本加成

测算市场绩效的另一个重要方法是使用价格—成本加成，其中较为普遍的做法是使用价格—平均成本加成来作为替代指标（Panagiotou，2006）。其中可以将公式改写为：（主营业务收入-可变成本）/主营业务收入，也即边际贡献/主营业务收入。因此用主营业务收入减主营业务成本得到主营业务利润①，再除以主营业务收入得到。鉴于电子信息产业中的软件和电子信息服务业数据的可获得性，选用该行业五大龙头企业②的价格平均可变成本加成代替该产业的价格平均可变成本加成，分别为华为技术有限公司、中心通讯股份有限公司、海尔集团股份有限公司、浪潮股份有限公司和海信集团有限公司。

计算华为公司的价格—平均成本加成③，整体呈上升趋势，由于是用营业利润④近似代替边际贡献，计算出的价格成本加成偏小，华为作为信息技术产业的龙头产业，价格成本加成还是相当可观的（详见表5-17）。

表5-17 2011~2015年华为技术有限公司价格—平均成本加成统计

单位：万元

年份 项目	2011	2012	2013	2014	2015
销售收入	20392900	22019800	23902500	28819700	39500900
营业利润	1879600	2065800	2912800	3420500	4578600
营业利润率	9.20%	9.40%	12.20%	11.90%	11.60%
价格—平均可变成本加成	9.22%	9.38%	12.19%	11.87%	11.59%

资料来源：华为投资控股有限公司2011~2015年年度报告。

分别计算中兴通讯股份有限公司、海尔集团股份有限公司、浪潮股份有限公司和海信集团有限公司的价格—平均成本加成（详见表5-18、

① 主营业务收入中包括可变成本人员工资总额、原材料成本和制造费用，由于产业层面数据缺乏制造费用数据，因此采用主营业务利润代替边际贡献，其中缺少制造费用，将低估价格—成本加成的幅度。

② 选取2016年（第15届）中国软件业务收入前百家企业名单的前五家企业。

③ 由于华为非上市公司，主营业务收入和主营业务成本数据较难获得，因此采用营业利润近似代替边际贡献。

④ 营业利润=主营业务收入+其他业务收入-营业成本-营业税金及附加-期间费用-资产减值损失+公允价值变动损益+投资收益。

表 5-19、表 5-20)，图 5-6 为该四个公司的价格平均可变成本加成的折线图。由图可知：四个龙头公司的价格平均可变成本加成均超过 15%，说明行业的整体利润率还是较高的，不属于完全竞争的市场结构。其中，中兴、海尔和浪潮集团的价格—平均可变成本加成整体呈上升趋势，而海信集团稍有下降，说明除海信集团外，其他三个公司的利润率均有所上升，电子与信息服务产业的市场竞争力度下降。

表 5-18　2011~2015 年中兴通讯股份有限公司价格—平均成本加成统计

单位：万元

项目＼年份	2011	2012	2013	2014	2015
主营业务收入	8625445.60	8421935.80	7523372.40	8147127.50	10018638.90
主营业务成本	6015735.40	6409154.60	5312590.40	5576010.40	6910044.70
主营业务利润	2609710.20	2012781.20	2210782.00	2571117.10	3108594.20
价格—平均可变成本加成	30.26%	23.90%	29.39%	31.56%	31.03%

资料来源：国泰安研究服务中心库。

表 5-19　2011~2015 年海尔集团公司价格—平均成本加成统计

单位：万元

项目＼年份	2011	2012	2013	2014	2015
主营业务收入	7366250.16	7985659.78	8648772.36	8877544.45	8974832.04
主营业务成本	5626308.13	5970387.08	6458610.91	6434517.84	6465846.32
主营业务利润	1739942.03	2015272.70	2190161.45	2443026.61	2508985.72
价格—平均可变成本加成	23.62%	25.24%	25.32%	27.52%	27.96%

资料来源：国泰安研究服务中心库。

表 5-20　2011~2015 年浪潮集团有限公司价格—平均成本加成统计

单位：万元

项目＼年份	2011	2012	2013	2014	2015
主营业务收入	55409.00	71649.12	87607.88	108542.34	122992.66

续表

项目＼年份	2011	2012	2013	2014	2015
主营业务成本	42270. 15	50219. 33	61353. 70	78238. 75	80179. 60
主营业务利润	13138. 85	21429. 79	26254. 18	30303. 59	42813. 06
价格—平均可变成本加成	23. 71%	29. 91%	29. 97%	27. 92%	34. 81%

资料来源：国泰安研究服务中心库。

表 5-21　2011~2015 年海信集团有限公司价格—平均成本加成统计

单位：万元

项目＼年份	2011	2012	2013	2014	2015
主营业务收入	2352372. 36	2525198. 04	2847985. 91	2900706. 92	3018998. 68
主营业务成本	1861449. 32	2070207. 92	2337642. 76	2412394. 90	2504997. 24
主营业务利润	490923. 04	454990. 12	510343. 15	488312. 03	514001. 44
价格—平均可变成本加成	20. 87%	18. 02%	17. 92%	16. 83%	17. 03%

资料来源：国泰安研究服务中心库。

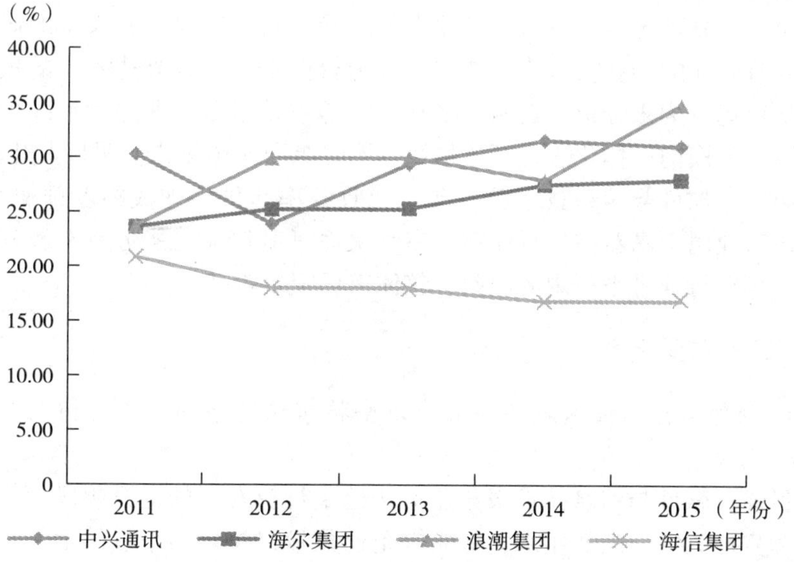

图 5-6　价格平均—可变成本加成

由此可以得出，软件与电子信息行业的价格—平均成本加成较高，且呈上升趋势，市场绩效较高。

六、结论与政策建议

（一）相关结论

本书采用SCP范式分析方法分析了软件与信息技术服务业的发展现状，结论如下：

第一，软件与信息技术服务业市场结构呈现完全竞争市场特征，集中度在逐渐下降。通过对市场集中度指数测算和进入壁垒的观察可以发现，软件与信息技术服务业符合完全竞争市场特征。无论是从人均资本占有量还是从人均研发费用投入的角度分析，软件行业的进入壁垒都偏低；其中，人均资本占有量出现一次较大波动，但最终回归一个较低水平，而人均研发费用呈现不断上升的趋势。这意味着短期内软件行业仍然将保持较高的市场竞争度，在未来伴随着技术的飞速发展，行业的生产效率将进一步提高，在这一过程中市场竞争度可能会有所降低，但整体而言有利于软件与信息技术服务业全行业的良性发展。

第二，软件与信息技术服务业产品差异化特征明显，有大量的研发投入，并且企业的创新投入不断增加，成为行业未来持续高速发展的核心动力。从市场行为来分析，近两年来软件与信息技术服务业内大型并购事件频发，产业横向一体化进程开始加快，同时纵向一体化指标明显上升。

第三，软件与信息技术服务业产业收益率与价格加成幅度都非常高。这与该行业属于高新技术行业有着密切关系，其产品与服务具有较高的附加值，为全行业带来可观的收益，整体市场绩效较高。

（二）政策建议

1. 软件与信息技术服务企业应以坚持市场为导向，政府辅之以合理引导

目前，软件与信息技术服务业仍然处于行业发展的上升阶段，市场目前多为良性竞争。近两年来，行业内企业数量保持较为平缓的增长，同时横向一体化进程开始加速，这有利于行业内部的资源优化和结构的调整，

软件与信息技术服务企业应继续坚持市场为导向，在政府的合理引导下实现内部资源优化和结构调整。

2. 政府应继续大力鼓励和扶持软件与信息技术服务业发展

高端软件和新兴信息服务产业是国家战略性新兴产业，为此国家出台《国务院关于印发进一步鼓励软件产业和集成电路产业发展若干政策的通知》《国务院关于加快培育和发展战略性新兴产业的决定》和《软件和信息技术服务业十二五发展规划》等政策。发展和提升软件和信息技术服务业，对于推动信息化和工业化深度融合、培育和发展战略性新兴产业、建设创新型国家、加快经济发展方式转变和产业结构调整、提高国家信息安全保障能力和国际竞争力具有重要意义。政府应当继续从税收、研究经费、进出口优惠、人才培养、知识产权保护、市场开发和投融资等方面给予较为全面的政策支持。

第二节
软件业投入产出分析

自20世纪90年代以来，作为现代高新技术基础的信息技术取得了突飞猛进的发展，实现了同经济活动的高度渗透与结合。经过研究我们发现软件和信息技术产业主要有两种途径促进经济发展：第一种途径是通过发展信息技术产业，推动产业结构的优化，即发展数字产业化；第二种途径是改造传统产业，提高其劳动和资本产出效率，促进经济增长，即发展产业数字化。

本章作为软件信息产业投入产出分析报告，主要运用投入产出分析方法，研究信息技术产业的投入、产出经济绩效和产业波及效应、结构变化规律等。从投入产出分析的角度来展开对信息技术产业与国民经济其他部门关联特性的论述。

首先对该行业进行了数据处理，表5-22我们是最终从我国139部门投入产出基本流量表中提出的相关产业的数据。通过对该表42部门进行分析，可知表中的电信和其他信息传输服务、软件和信息技术服务、计算机服务和广播、电视、电影和影视录音制作业这四大类产业可归为信息技术产业。整理后的中间使用部分见表5-22。

表 5-22 信息技术产业总产出和总投入 单位：万元

部门	软件和信息技术服务	电信和其他信息传输服务	广播、电视、电影和影视录音制作	计算机	总产出
软件和信息技术服务	5344052	867956	478	2195925	102783020
电信和其他信息传输服务	8522043	16295536	268319	306392	148067932
广播、电视、电影和影视录音制作	13673	161376	577361	86359	17063510
计算机	11200395	790817	2756	27771246	188908484
总投入	102783020	148067932	17063510	188908484	16016270834

其次对信息技术产业进行中间需求和中间投入进入数据分析，得到表 5-23。

表 5-23 信息技术产业中间需求和中间投入占比 单位:%

部门	中间使用占比	中间投入占比
软件和信息技术服务	19.34	64.95
电信和其他信息传输服务	61.32	44.64
广播、电视、电影和影视录音制作	38.53	45.77
计算机	41.65	84.95

从表 5-23 的数据可以看出，软件和信息技术服务业的中间使用率明显偏低，而中间投入率偏高，超过了 50%。中间使用率越高的产业，其产出用作其他产业原材料的成分就越大，就越具有基础产业的特点。结合四个产业分析，显然这符合软件和信息技术服务业的特性，该行业作为服务业是不应该划分在基础产业中的，而其他三类，无论是电信传输、广播、电视、电影和影视录音还是计算机都偏向于基础性行业。

中间投入率偏高的表明该产业极为需要其他产业提供产品和服务支持，那么事实上信息技术服务业属于技术—资本密集型产业，近年来该产业在信息技术设备上投入了大量的资金，即信息技术产业需要从其他行业中获得不少的产品和服务。

一、部门合并

投入产出分析是由列昂惕夫依据一般均衡理论、马克思社会再生产理论等创立的，投入产出分析包括投入产出表和投入产出数学模型，投入产出表将国民经济各部门在行向和列向上纳入一张四象限表格中，表中的部门是依据产品分类的纯部门，该表不仅能分析某一行业，更重要的是它反映了行业间的技术联系和经济关联，能全面、系统地反映国民经济各部门从生产到最终需求的经济结构和总量关系，在结构分析方面具有明显的优势，是其他数量方法无法比拟的。我国国家统计局每隔 5 年编制基于调查的投入产出表，2015 年年底公布了最新的 2012 年投入产出表，本书基于 2012 年 139 部门投入产出表进行分析。

根据标准，从我国 139 部门投入产出基本流量表提取相应行业信息，对投入产出表进行适当合并分析，最终我们对软件和信息技术服务业的各部门合并如表 5-24 所示。

表 5-24　信息技术产业部门合并

软件和信息技术服务业	软件开发
	集成电路设计
	信息系统集成和物联网技术服务
	运行维护服务
	信息处理和存储支持服务
	信息技术咨询服务
	数字内容服务
	其他信息技术服务业
电信和其他信息传输服务	电信
	广播电视传输服务
	卫星传输服务
广播、电视、电影和影视录音制作	
计算机	

资料来源：中国国民经济行业分类（GB/T 4754—2011）。

二、产业结构特征分析

按照实验下面从产出指标、投入指标和增加值指标来分析软件和信息技术服务业产业与其他产能过剩产业的结构特征。

（一）产出指标结构特征

产出结构特征关注投入产出表横行之间中间使用和最终使用进行比较。其中，中间使用率、最终使用率分别指中间使用、最终使用和本行业总供给（总产出+进口）之比（林毅夫等，2010）（详见表5-25）。

表5-25　2012年行业投入指标结构特征

行业＼项目	总产出（亿元）	行业总产出占全国总产出比值	中间使用占总产出比值	中间使用率	最终使用率
软件和信息技术服务	10278	0.64%	19.34%	18.31%	81.69%
电信和其他信息传输服务	14807	0.92%	61.32%	60.67%	39.33%
广播、电视、电影和影视录音制作	1706	0.11%	38.53%	31.52%	68.48%
计算机	18891	1.18%	41.65%	35.48%	64.52%
四大行业合计	45682	2.85%	42.89%	39.12%	60.88%
全国总计	1601627	100.00%	66.48%	61.85%	38.15%

资料来源：2012年中国投入产出表。

从产出指标可以看出，四大行业总产出在全国总产出的占比都不高，行业总产出占全国总产出比重为2.85%，软件和信息技术服务、广播、电视、电影和影视录音制作、电信和其他信息传输服务行业占比不足1%，计算机占比仅仅达到1.18%，行业规模不大。

从中间使用占比来看，四大行业中间使用比例都低于全国平均值（66.48%），从总体上看，信息传输、计算机服务和软件业主要以提供生产服务为主。我国信息技术产业的飞速发展极为需要其他产业提供产品和服务支持，并且信息技术服务业属于技术—资本密集型产业，近年来该产业在信息技术设备上投入了大量的资金，即信息技术产业需要从自身中获得不少的产品和服务。

另外，从最终使用占比来看，这四大行业用于最终使用的比例都高于全国数据的 38. 15%，平均 60. 88%的产品用于最终消费、投入和出口，是主要以提供生产服务为主的产业部门。同时它的存在和发展依赖于第二产业的发展，对第二产业有较强的供给作用，对于提高国民经济的增加值有较强的贡献能力。

（二）投入指标结构特征

投入结构特征关注投入产出表纵列之间中间投入和增加值进行比较。中间投入率、初始投入率（增加值率）分别指中间投入、初始投入和本行业总投入之比（详见表 5-26）。

表 5-26 2012 年行业投入指标结构特征

部门	增加值（亿元）	行业增加值占全国增加值比值	中间投入率	初始投入率（增加值率）
软件和信息技术服务	3602	0. 67%	64. 95%	35. 05%
电信和其他信息传输服务	8197	1. 53%	44. 64%	55. 36%
广播、电视、电影和影视录音制作	925	0. 17%	45. 77%	54. 23%
计算机	2843	0. 53%	84. 95%	15. 05%
产能过剩行业合计	15568	2. 90%	65. 92%	34. 08%
全国总计	536800	100. 00%	66. 48%	33. 52%

资料来源：2012 年中国投入产出表。

从投入指标看，计算机业有较高的中间投入率，达到 84. 95%，超过全国平均水平的 66. 48%，其他三大行业小于全国平均值，这反映了这些行业作为电子技术行业的特点，为全社会各行各业大量提供生产服务，并且中间投入高、增加值偏低。

从增加值指标看，与中间投入率相比较，这些行业自身的增加值率都非常低，并且远远低于全国增加值率的 33. 52%，最高的是电信和其他信息传输服务有 2. 92%。广播、电视、电影和影视录音制作则只有 0. 17%。

（三）增加值指标结构特征

在各行业增加值内部结构上，差别比较大，其中劳动报酬、固定资产折旧的占比波动较大，行业内劳动报酬占比最高的行业有广播、电视、电影和影视录音制作、软件和信息技术服务两个行业。同全国增加值结构相比，劳动报酬占比较低的有两个（电信和其他信息传输服务和计算机），生产税净额占比较高的是两个行业（广播、电视、电影和影视录音制作和计算机），固定资产折旧占比较高的是广播、电视、电影和影视录音制作，营业盈余占比较高的有 4 个行业。

增加值结构基本反映了初次分配状况，从表 5-27 可知，2012 年，这些行业资本要素所得（营业盈余+折旧）高于全国平均水平，政府所得（生产税）低于全国平均水平，可知信息传输、计算机服务和软件业属于非劳动密集型产业，其完全固定资产折旧在增长，完全生产税净额和营业盈余水平一般。

表 5-27　2012 年行业增加值指标结构特征

部门	劳动者报酬	生产税净额	固定资产折旧	营业盈余	合计
软件和信息技术服务	58.71%	5.79%	4.77%	30.73%	100.00%
电信和其他信息传输服务	18.95%	3.65%	34.30%	43.10%	100.00%
广播、电视、电影和影视录音制作	53.43%	9.52%	13.14%	23.90%	100.00%
计算机	48.22%	9.15%	17.44%	25.19%	100.00%
产能过剩行业增加值（亿元）	5533.63	855.73	3601.10	5577.26	15567.72
产能过剩行业增加值结构	35.55%	5.50%	23.13%	35.83%	100.00%
全国增加值（亿元）	264134.09	73606.23	71681.98	127377.87	536800.17
全国增加值结构	49.21%	13.71%	13.35%	23.73%	100.00%

资料来源：2012 年中国投入产出表。

（四）最终使用指标结构特征

从表 5-28 最终使用指标看，软件和信息技术服务和计算机最终使用占全国比例很低，甚至可以忽略不计，合计占 26.53 %。在最终消费方面，电信和其他信息传输服务和广播、电视、电影和影视录音制作的消费在最终使用中占比都远高于全国水平的41.37%，软件和信息技术服务消费占比为1.53%，计算机为5.57%。在出口方面，计算机的出口在最终使用中占比极高，远远高于全国水平的20.81%。计算机行业的最终使用结构更加不均衡，近年来，世界经济低迷、外需萎缩，出口在最终使用中占比极高的这一特征也必然造成这些行业的出口需求减少、产能过剩等不可避免的结果。

表5-28 2012年行业产出指标结构特征

部门	最终使用（亿元）	最终消费占比	资本形成占比	出口占比	最终使用占全国比例
软件和信息技术服务	8865.77	1.53%	88.62%	9.85%	1.35%
电信和其他信息传输服务	5886.66	97.88%	0.00%	2.12%	0.90%
广播、电视、电影和影视录音制作	1428.32	97.60%	0.00%	2.40%	0.22%
计算机	14309.11	5.57%	17.82%	76.62%	2.18%
产能过剩行业合计	30489.86	26.53%	34.13%	39.34%	4.64%
全国总计	656774.3245	41.37%	37.82%	20.81%	100.00%

资料来源：2012年中国投入产出表。

综上所述，可以看出从2002~2007年信息传输、计算机服务和软件业的最终消费和出口的最终使用结构系数有所下降，资本形成总额的最终使用结构系数有所上升，但是总的来说，和其他产业部门相比，在信息传输、计算机服务和软件业的最终使用结构中，最终消费的使用结构系数过半，可见信息传输、计算机服务和软件业属于消费率较高的产业部门。

三、产业关联特征分析

国民经济各行业各部门间客观上存在着相互使用产品、相互消耗的技术、经济联系，投入产出表的特点使其在分析产业关联中具有显著的优势，在投入产出分析中，通常在消耗（分配）系数的基础上研究行业的产业关联。本书通过分析直接消耗系数、完全需求系数和分配系数以及相关指标来分析软件和信息技术业的产业关联特征。

（一）直接消耗系数关联分析

1. 直接消耗系数矩阵

直接消耗系数也称投入系数，是指在生产经营活动中第 j 部门的单位总产值直接消耗。

第 i 部门产品或服务的数量，计算公式为：

$$a_{ij}=\frac{X_{ij}}{X_j}(i,\ j=1,\ 2,\ \cdots,\ n) \tag{5-1}$$

式中，a_{ij}的取值范围是 $0\leqslant a_{ij}\leqslant 1$，其值大小表示 i、j 两部门之间生产技术关联程度。系数的 a_{ij}值表明了 j 部门对 i 部门的直接依赖程度或牵引作用，反过来也说明了 i 部门对 j 部门的直接制约作用或感应程度。

从表 5-29 中的数据可以看出，软件和信息技术产业对计算机行业的直接依赖程度最高（0.108971），其次是电信和其他信息传输服务（0.082913），再者才是自己本行业（0.051994）。由此可以推断，目前我国信息技术产业的发展受计算机行业与电信和其他信息传输服务业的影响较大，原因应是软件和信息技术产业作为技术—资本密集型产业，本身就最需要信息技术软硬件设备的投入（蒋训林，2008），及电信和其他信息传输服务业提供的服务作为基础。此外软件和信息技术服务业自身对行业的影响也很大，这主要是由行业本身的特点所决定的，软件和信息技术服务业作为高技术密度型行业，进行生产活动所需的软件产品只能由本行业所供给。

表 5-29　直接消耗系数矩阵

部门		软件和信息技术服务	电信和其他信息传输服务	广播、电视、电影和影视录音制作	计算机	中间使用合计
中间投入	软件和信息技术服务	0.051994	0.005862	0.000028	0.011624	0.001241
	电信和其他信息传输服务	0.082913	0.110054	0.015725	0.001622	0.005669
	广播、电视、电影和影视录音制作	0.000133	0.001090	0.033836	0.000457	0.000410
	计算机	0.108971	0.005341	0.000161	0.147009	0.004913
中间投入合计		0.649522	0.446390	0.457664	0.849515	0.664841

资料来源：2012 年中国投入产出表。

2. 生产依存度系数与生产制约度系数

直接消耗系数矩阵的列和 $\sum_{i=1}^{n} a_{ij}(j = 1, 2, \cdots, n)$ 反映 j 部门生产单位总产出对各个部门的直接消耗即中间投入率，或者说是 j 部门对各种产品的直接生产依赖程度或直接影响程度。j 部门的生产依存度系数计算公式为：

$$I_j = \frac{\sum_{i=1}^{n} a_{ij}}{\frac{1}{n}\sum_{j=1}^{n}\sum_{i=1}^{n} a_{ij}} \quad (j=1, 2, \cdots, n)$$

I_j 的值在 1 的上下波动，大于 1 表明 j 部门对各个部门的生产依存度和直接影响程度高于社会平均依存度和直接影响程度。

全国平均 $\frac{1}{n}\sum_{j=1}^{n}\sum_{i=1}^{n} a_{ij}$ 是 0.706061，由表 5-30 可以看出，计算机行业的生产依存度高于全国平均水平 18.9%，说明计算机行业不仅对各个部门的依赖程度大，而且影响力也很大，是国民经济中比较重要的部门，而软件和信息技术服务、电信和其他信息传输服务、广播、电视、电影和影视录音制作行业的依存度均低于全国平均水平的 9.1%~37.5%，这说明这三个行业对各个部门的生产依存度和直接影响程度低于全国平均水平，在国民经济中的影响力还有待提高。

表 5-30　生产依存度系数与生产制约度系数

	软件和信息技术服务	电信和其他信息传输服务	广播、电视、电影和影视录音制作	计算机
生产依存度系数	0.909459	0.625034	0.640821	1.189490
生产制约度系数	0.056003	0.255791	0.018523	0.221677

资料来源：笔者根据 2012 年中国投入产出表数据计算得到。

直接消耗系数的行和 $\sum_{j=1}^{n} a_{ij}$ 表示 i 部门面对各个部门生产地位产品需要提供给它们的产品数量之和，反映 i 部门对各个部门的生产制约，或者说是面对各个部门的生产需要，i 部门应该做出的反应。为了表示不同部门的生存制约度，可以计算平均生产制约度——“生存制约度系数”，计算公式如下：

$$生存制约度系数\ Z_i=\frac{\sum_{j=1}^{n} a_{ij}}{\frac{1}{n}\sum_{i=1}^{n}\sum_{j=1}^{n} a_{ij}}$$

Z_i 值在 1 上下波动，大于 1 说明 i 部门对各个部门生产制约度程度高于社会平均制约度程度。

从表 5-30 可以看出，计算机、软件和信息技术服务、电信和其他信息传输服务、广播、电视、电影和影视录音制作行业的生产制约系数都非常小，远低于全国各部门的平均水平，说明面对其他行业的需求，这几个行业所做出的反应程度较低，仅为全国各部门平均水平的 1.9%~25.6%，对国民经济其他部门的制约度较小，表明这几个行业仍然需要大力发展，提高对国民经济的影响力。

（二）分配系数关联分析

1. 分配系数矩阵

分配系数是第 i 部门提供的产品和服务在各种用途之间的分配使用比例。中间产品分配系数为 $h_{ij}=x_{ij}/X_i$，根据数据计算 $H=(h_{ij})_{5\times5}$，（主对角线为 $\sum_{j=1}^{5} h_{ij}$ 的对角矩阵）。

表 5-31　直接分配系数矩阵

部门		软件和信息技术服务	电信和其他信息传输服务	广播、电视、电影和影视录音制作	计算机	中间使用合计
中间投入	软件和信息技术服务	0.051994	0.008445	0.000005	0.021365	0.193395
	电信和其他信息传输服务	0.057555	0.110054	0.001812	0.002069	0.613171
	广播、电视、电影和影视录音制作	0.000801	0.009457	0.033836	0.005061	0.385298
	计算机	0.059290	0.004186	0.000015	0.147009	0.416511
中间投入合计		0.004168	0.004127	0.000488	0.010020	0.664841

资料来源：2012 年中国投入产出表。

2. 生产拉动力系数与生产支撑度系数

中间产品分配系数矩阵的列和 $\sum_{i=1}^{n} h_{ij}$ $(j=1, 2, \cdots, n)$ 反映 j 部门生产中需要各个部门提供的中间产品在各个部门总产出中的比重之和，是 j 部门由于生产需要而对各个部门的支出之和。生产拉动力系数计算公式为：

$$u_i = \frac{\sum_{i=1}^{n} h_{ij}}{\frac{1}{n}\sum_{j=1}^{n}\sum_{i=1}^{n} h_{ij}}(j = 1, 2, \cdots, n)$$

u_i 的值在 1 上下波动，大于 1 表明 j 部门对各个部门的生产拉动作用高于社会平均生产拉动作用。

$$f_i = \frac{\sum_{j=1}^{n} h_{ij}}{\frac{1}{n}\sum_{i=1}^{n}\sum_{j=1}^{n} h_{ij}}(j = 1, 2, \cdots, n)$$

f_i 的值在 1 上下波动，大于 1 表示 i 部门对生产的支撑大于社会平均支撑度，属于中间产品型部门，小于 1 表明该部门属于最终需求型部门。

从表 5-32 可以看出，计算机、软件和信息技术服务、电信和其他信息传输服务、广播、电视、电影和影视录音制作行业的生产拉动系数都很小，提供的中间产品需要其他部门提供的产品在各个部门总产出中所占的比重较低。同时，计算机、软件和信息技术服务、电信和其他信息传输服务、广播、电视、电影和影视录音制作这四个行业的生产支撑度系数均低于 1，这表明社会对这几个行业主要是最终产品的需求，这四个部门都属于最终需求型部门，产品面向中间使用的需求很少，主要是面向最终使用。其中，电信和其他信息传输服务产业相比其他三个行业，生产支撑度系数是最高的，这与行业性质有关，电信和其他信息传输服务行业接近于基础设施行业，对于国民经济的支撑作用较明显。

表 5-32　生产拉动力系数与生产支撑度系数

	软件和信息技术服务	电信和其他信息传输服务	广播、电视、电影和影视录音制作	计算机
生产拉动力系数	0. 182913	0. 181095	0. 021397	0. 439696
生产支撑度系数	0. 274805	0. 871290	0. 547492	0. 591845

资料来源：根据 2012 年中国投入产出表数据计算得到。

(三) 完全需求系数关联分析

1. 完全需求系数矩阵

完全消耗系数 b_{ij} 反映了直接消耗和间接消耗的总和，它是指第 j 产业生产单位产品所完全消耗的第 i 产业的产品数量。利用直接消耗系数矩阵 A 可以得出完全消耗系数矩阵 B 为：

$B = (I - A)^{-1} - I$，其中 I 为 $n \times n$ 的单位矩阵。

完全消耗系数 b_{ij} 是指生产单位最终产品所需的全部消耗量。它不仅反映了国民经济各部门之间直接的技术经济联系，还反映了国民经济各部门之间间接的技术经济联系。它比直接消耗系数反映的部门间经济联系更本质，也更全面，用公式表示为：

$$\bar{B} = (I - A)^{-1} - I$$

式中，$\bar{B}$ 为完全消耗系数矩阵，$(I - A)^{-1}$ 为列昂惕夫逆系数矩阵，I 为单位矩阵。其中，列昂惕夫逆系数指的是单位最终产品的生产对总产出的全部需要量。

表 5-33　完全需求系数矩阵

部门	软件和信息技术服务	电信和其他信息传输服务	广播、电视、电影和影视录音制作	计算机	前向关联
软件和信息技术服务	1. 060928	0. 009354	0. 001987	0. 021983	1. 190017547
电信和其他信息传输服务	0. 109934	1. 131316	0. 025719	0. 016314	1. 615490862

续表

部门	软件和信息技术服务	电信和其他信息传输服务	广播、电视、电影和影视录音制作	计算机	前向关联
广播、电视、电影和影视录音制作	0.001082	0.001828	1.035581	0.002016	1.077337514
计算机	0.158203	0.020824	0.006935	1.239413	1.815083981
后向关联	2.992038	2.331722	2.262006	4.223754	96.3251706

资料来源：2012 年中国投入产出表。

2. 后向关联系数与影响力系数

后向关联又称后向联系或后向效应，是指某一行业和供给其原料、产品、服务等的行业间的联系和依存关系，也就是该行业对各产业的需求。后向关联是从最终需求的拉动作用来度量某行业对国民经济总产出的影响力，后向关联越大，说明该行业对各产业的需求越大（如表 5-34 所示）。影响力系数表明的是在生产活动中，一产业的生产对其他产业的波及作用，当影响力系数小于 1 时，表示该部门生产的产品或服务对其他部门的生产活动的影响程度小于社会平均影响力水平；当其系数大于 1 时，则表明该部门生产的产品或服务对其他部门的产生活动的影响程度大于社会平均影响水平。其计算公式如下：

$$r_j = \frac{\sum_{i=1}^{n} \bar{b}_{ij}}{\frac{1}{n}\sum_{j=1}^{n} \sum_{i=1}^{n} \bar{b}_{ij}} \quad (j=1,\ 2,\ \cdots,\ n)$$

式中，r_j 为影响力系数；$\sum_{i=1}^{n} \bar{b}_{ij}$ 为列昂惕夫逆矩阵的第 j 列之和。影响力系数在 1 上下波动，大于 1 表明 j 部门对社会生产的影响程度大于社会平均水平，处于主导产业的地位。

3. 前向关联系数与感应度系数

与后向关联类似，前向关联又称前向联系或前向效应，是指某行业同使用或消耗其产品的行业间的联系和依存关系，也就是该行业对各产业的供给，前向关联是从初始投入的角度来度量某行业对国民经济的推动作用，前向关联越大，说明其推动作用越强。

感应度系数是指国民经济各部门每增加一个单位最终使用时，某一部门由此而受到的需求感应程度，也就是需要该部门为其他部门生产而提供的产出量。系数大说明该部门对经济发展的需求感应程度强；反之，则表示对经济发展需求感应程度弱。其计算公式为：

$$s_i = \frac{\sum_{j=1}^{n} \bar{b}_{ij}}{\frac{1}{n}\sum_{i=1}^{n}\sum_{j=1}^{n} \bar{b}_{ij}}(i = 1,\ 2,\ \cdots,\ n)$$

式中，s_i 为感应度系数；$\sum_{j=1}^{n} \bar{b}_{ij}$ 为列昂惕夫逆矩阵的第 i 行之和；$\frac{1}{n}\sum_{i=1}^{n}\sum_{j=1}^{n} \bar{b}_{ij}$ 为列昂惕夫逆矩阵各行之和的平均值。感应度系数也在 1 上下波动，大于 1 表明位于产业链的上游，对国民经济发展起着较大制约作用，即所谓的瓶颈产业，如果这些部门不能满足需求的话，就会制约国民经济的发展。

表 5-34 显示，四个行业中，除了计算机行业的完全后向关联系数（4.223754）高于全国平均值 3.247742，其他三个行业的完全后向关联系数均低于全国平均值，这表明计算机行业增加 1 单位最终产品对国民经济总产出的需求拉动作用较大，而其他三个行业对国民经济总产出的需求拉动作用较低，而这主要与这三个行业所生产的最终产品的性质有关，这三个行业的最终产品并不需要太多从其他部门获得的中间产品作为原材料。这四个行业的完全前向相关系数大体相当，且均小于对应的完全后向相关系数，说明这几个产业作为人力资本密集型产业，其完全后向关联比完全前向关联的作用要大。综合前向相关系数和后向相关系数看来，信息技术产业在国民经济中的瓶颈地位并不够突出，对国民经济的推动作用不如计算机行业。这可能主要是因为近年来虽然软件和信息技术产业发展迅猛，传统行业也在大力推进信息化改造，但软件和信息技术产业的产业规模还不够大；其次，虽然其他各产业对信息技术投资巨大，但这种投资与其他类型的投资相比占比仍相对偏低，信息技术暂未成为促进其他产业发展的关键性因素。

表 5-34　影响力系数与感应度度系数

系数	软件和信息技术服务	电信和其他信息传输服务	广播、电视、电影和影视录音制作	计算机
后向关联系数	2.992038	2.331722	2.262006	4.223754
影响力系数	0.931855	0.726203	0.704491	1.315468
前向关联系数	1.190018	1.615491	1.077338	1.815084
感应度系数	0.370625	0.503137	0.335531	0.565299

资料来源：根据 2012 年中国投入产出表数据计算得到。

影响力系数与感应度系数的社会平均值均为 1，以感应度系数为 1 的横线作为 X 轴，以影响力系数为 1 的竖线作为 Y 轴构成四象限坐标系，考察计算机、软件和信息技术服务、电信和其他信息传输服务、广播、电视、电影和影视录音制作这四个行业对国民经济的拉动作用与支撑作用（如图 5-7 所示）。位于右上角的是第一象限，影响力系数和感应度系数均大于 1，落入该象限的行业为具有强辐射和强制约性的行业，这些行业与其他产业的前向关联和后向关联效应都比较大，对经济的拉动作用和瓶颈作用均很明显。

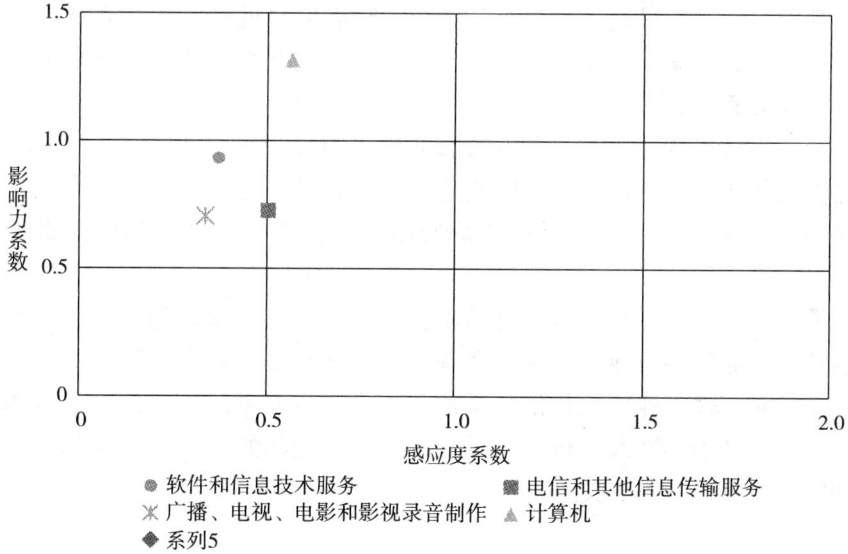

图 5-7　2012 年四个行业感应度系数与影响力系数四象限

资料来源：根据 2012 年中国投入产出表数据计算得到。

位于左上角的是第二象限，影响力系数大于 1 而感应度系数小于 1，落入该象限的有计算机产业，这些产业均属于强辐射和低制约性行业，对上游产业的拉动作用很强，而对下游产业的制约度较弱。

位于左下角的是第三象限，影响力系数和感应度系数均小于 1，表明对国民经济的辐射和制约作用均较弱，软件和信息技术服务、电信和其他信息传输服务、广播、电视、电影和影视录音制作这三个产业都落在该象限，表明这些产业对上游产业的拉动作用和对下游产业的制约作用都比较弱。位于右下角的是第四象限，感应度系数较高而影响度系数小于 1，属于弱辐射力和强制约力的行业。

四、研究结论与政策建议

首先，通过上述分析可知，信息技术产业的中间需求率和中间投入率都偏高。信息技术产业的最终需求对自身的带动作用最大，其他产业的最终需求对信息技术产业的带动作用最大的是信息技术产业本身，有较低的最终使用率，出口占最终使用比例较高。这些结构特征既反映了其行业特性，又说明了近年来该行业发展水平和结构特性。

其次，该行业里这几个产业关联特征也有明显的特点，用直接消耗系数从总投入的角度反映直接关联特征，用完全消耗系数从最终产品的角度反映完全关联特征，这两个系数是指两两产品间的联系。用后向关联系数、影响力系数从最终产品的角度反映后向关联特征，用前向关联系数、感应度系数从初始投入的角度反映前向关联特征，这两类系数是在两两产品间完全联系的基础上对所有联系的加总，最终扩展到对整体经济的影响上。

最后，从数据中我们可以总结出，第一、第二产业部门各子行业在和信息技术产业这些行业对比中，发现信息技术产业对自身依赖性最大，一般远高于对其他行业的直接消耗系数和完全消耗系数。同时，信息技术产业在国民经济中的瓶颈地位并不突出，对国民经济的推动作用不如第二产业和第三产业，仅强于农业。

第六章

6

工业物联网的价值链构成
——以西门子Mindsphere为例

在数字经济时代，电子商务等数字平台已经极大地改变了居民消费方式，但是，数字技术作为通用技术在供给端对传统企业进行数字化改造带来的生产力红利尚未充分释放。以工业物联网、人工智能和云计算等为代表的数字技术日益成为重塑一国竞争力的关键驱动力量，将深刻影响未来各国价值链分工位置和治理格局。

工业物联网是基于供给侧的数字技术，其核心在于开放式物联网操作系统以及云计算 SaaS 平台，将中小企业的硬件机器设备、软件管理系统以及数字化应用 PaaS 云服务集成于一体，提供基于传统制造业企业核心业务的全流程闭环整体解决方案，搭建现实生产和虚拟生产的数字化路径，最终形成闭环价值创造，实现数字化转型。基于物联网（IoT）的传感技术可以实时实现客户需求的追踪，通过算法优化大数据分析和预测准确性，再无时延地传输到供应链各个环节，从后向关联角度重塑供应链治理结构。

工业物联网（IIoT）有潜力显著提高全球生产力和增长，埃森哲（Accenture）估计，这一最新的数字创新浪潮将加速占世界总产值近三分之二的行业的重塑，到 2030 年全球市场总规模达到 14.2 万亿美元。Business Insider Intelligence 预测，从 2018~2026 年，全球工业物联网投资将接近 15 万亿美元（如图 6-1 所示）。

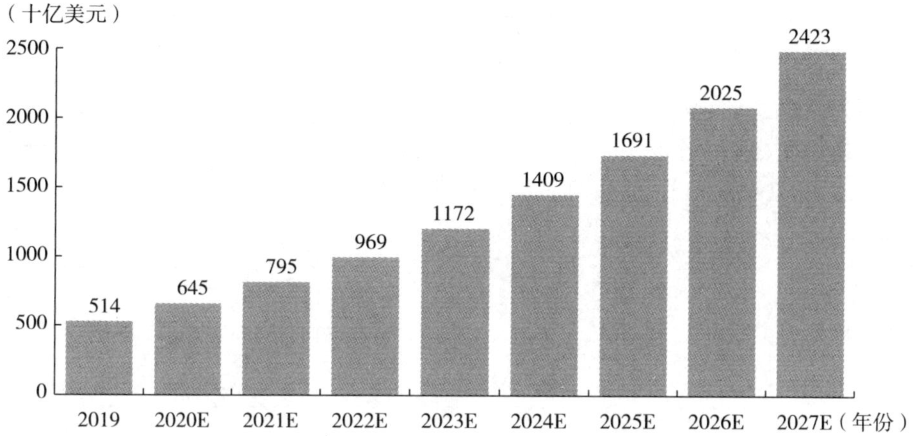

图 6-1 世界物联网（IoT）投资增长率

注：2021E~2027E 表示 2016~2027 年预测值。

资料来源：Business Insider Intelligence estimates，2020。

第一节
工业物联网价值链：一个框架

物联网生态系统包含五个组件：物联网硬件设备、网络、平台、应用程序等软件和安全协议。

一、物联网设备

物联网设备从本质上讲就是所谓的嵌入式设备，主要用以向未连接的设备添加 Internet 连接，以帮助用户在设备安装位置收集可行的数据，主要硬件设备包括：芯片组、传感器和遥控器。微芯片与传感器配对以实现操作技术（OT）和信息技术（IT）的集成和连接。同时，选择功耗尽可能低的计算平台是一项重要标准。例如，意法半导体（ST Micro electronics）在 2018 年 5 月推出了高精度 MEMS 加速度计，该加速度计将主要用于工业物联网

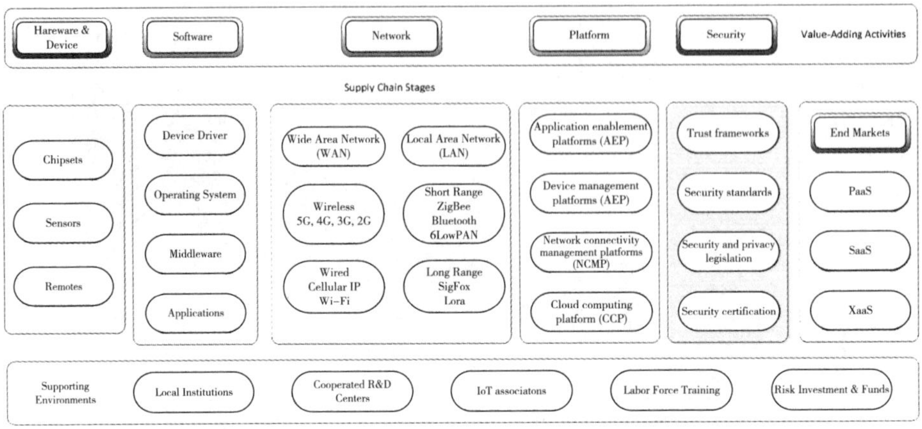

图 6-2 工业物联网（IIoT）的价值链概念框架

资料来源：笔者绘制。

(IIoT)。物联网设备的主要硬件设施如下：

（一）芯片

物联网芯片是嵌入在连接到无线网络并发送和接收数据的对象，机器和事物中的小型电子设备，也称“IoT 模块”，IoT 芯片包含与移动电话中相同的技术和数据电路，但没有显示器或键盘等功能。物联网芯片始终提供网络连接，可以自动实时自动发送数据。同时，由于经过专门设计，这些芯片具有极高的耐用性和寿命，需要连续运行十年或更长时间才能证明其业务案例和技术成本。微芯片通过与传感器配对来实现“智能”设备之间以及与集中式平台进行通信的数据计算。物联网芯片市场预计将在预测期内以 13.2%的复合年增长率增长，到 2022 年将从 2015 年的 57.5 亿美元增长至 148.1 亿美元。

（二）传感器

传感器主要用于在工业生产环境中产生和记录大量数据。物联网的主要传感器包括压力传感器、温度传感器、化学传感器、位置传感器等。2017 年，全球物联网传感器市场价值为 105 亿美元，预计到 2023 年将达到近 480 亿美元（BCC，2019）。

（三）遥控器

远程控制器使用户能够与 IoT 解决方案进行交互。在企业空间中，计算机和平板电脑是主要的远程设备，因为它们使用户能够以各种方式可视化数据并立即使用大量信息，还使用户能够通过远程界面控制 IoT 设备并操纵数据。目前，甲骨文、Salesforce 和亚马逊等公司正在寻求开发以业务为中心的语音助手和功能，而微软和 Alphabet 等公司则在寻求面向企业的增强现实（AR）耳机。随着公司尝试并采用企业语音技术，语音将成为更重要的远程控制方案。

二、软件

应用软件是物联网设备中最重要的部分。物联网设备中的软件主要采用嵌入式系统，其核心是微处理器，也是系统的大脑。物联网设备中的应用软件主要包括：

第一，设备驱动程序软件中最低级别是与硬件交互的设备驱动程序，包括显示驱动程序、USB 驱动程序和打印机驱动程序。

第二，操作系统（OS），位于设备驱动程序的顶部。目前，嵌入式 Linux 是 IoT 设备中 OS 的最受欢迎的选择。

第三，中间件，是连接软件组件或应用程序的软件。该软件允许在一台或多台计算机上运行的多个进程通过网络进行交互。例如，用于电信的 TCP / IP 堆栈，现在几乎每个 OS 中都包含该堆栈。中间件在服务器和 PC 市场中更为流行，并且通常用于分布式计算。

第四，应用程序，工业物联网可以在应用平台上开发程序，适用于不同行业的业务需要。例如，物联网（IoT）在许多行业中发挥着越来越重要的作用——从制造业到零售和物流。采用流分析和人工智能（AI）可进行车辆维护，实时监测车辆运行数据，防止列车运行故障。大数据处理（BDP）组件使数据分析人员能够分析和评估物联网应用程序中生成的大数据量，通过分析海量数据来进行预测并相应地调整服务。

三、网络

网络物联网解决方案可以采用多种网络协议来实现通信。网络技术可以大致分为局域网技术（Local Area Networks，LAN）和广域网技术（backhaul network，i. e. WAN）。其中，广域网又可以分为 Wirless 和 Wired，局域网则可分为 Short Range 和 Long Range，具体包括以下部分：

（一）广域无线网络技术 Wirless

2015 年，将近 60%的连接平台都基于 WAN 技术，以及更为流行的蜂窝网络技术。无线网络通常使用无线电通信来实现和管理无线电信网络。远程无线技术无线物联网需要低功耗、低成本、中等范围的区域以及适度的数据速率。要求跨设备和后端进行长距离和宽范围操作的可靠和安全的连接解决方案。5G 网络以更低的延迟实现更快的数据传输，显著快于 4G、3G 和即将淘汰的 2G 网络。

（二）蜂窝（Wired）

蜂窝服务是另一种广泛使用的通信标准，可以多种速率传输（从 2G 到 5G）。物联网公司的核心业务将加速转移到蜂窝网络，只有提高网络的可用性，蜂窝网络才能变得更加强大。这些以 5G 为代表的下一代蜂窝网络将提供更低的延迟和更快的连接速度，但蜂窝网络越快，设备将使用更多功率。2015 年，金雅拓发布了业界首个 LTE 1 类（Cat 1）无线模块，彻底改变了专为 M2M 和 IIoT 应用而设计的高效 4G LTE 连接。从长远来看，这将是 IoT 应用的理想解决方案。为了鼓励物联网（IoT）的进一步发展和改进，移动行业正在开发和标准化一类新的全球移动通信系统（GSM）技术。移动物联网是指第三代合作伙伴计划（3GPP）标准化的安全运营商管理的物联网网络。移动行业专注于三个互补的 3GPP 标准：物联网的扩展覆盖 GSM（EC-GSM-IoT）。

（三）局域网技术

由于物联网应用程序要求的多样性，单一技术无法解决所有用例。无线局域网（WLAN）使用户能够在本地覆盖范围内移动并仍然连接到网络。

（四）短程无线网络技术

短距离或局域无线技术主要包括射频识别（RFID）、近场通信（NFC）、Wi-Fi、蓝牙（包括低功耗蓝牙）、XBee、ZigBee、Z-波浪和无线 M-Bus。低功耗无线个人局域网（6LoWPAN）具有可靠性、设备兼容性、良好的范围、有效的电池使用率和低成本等优点。其中，一个重要的创新技术是射频识别（RFID）。该技术是利用电磁场来自动识别和跟踪挂在物体上的标签。与条形码相反，标签不必位于阅读器的视线内，因此可以将其集成在被跟踪的对象中。一枚无源 RFID 标签只需要几美分，这种廉价的定位商品和中间品的方法将对定制化智能制造产生巨大的影响。

（五）远程无线技术

远程无线技术（Long Range Wireless Technologies，LoRa）是 LPWAN 专有的线性调频扩频（CSS）无线电调制技术，被 LoRaWAN、Haystack Technologies 和 Symphony Link 使用。LoRa 大大提高了接收机的灵敏度，并且与其他扩频调制技术一样，利用整个信道带宽来广播信号，从而使其对信道干扰具有鲁棒性，并且对使用低成本晶体带来的频率偏移不敏感。LoRa 的优势在于该技术的远程能力。一个简单的网关或基站可以覆盖整个城市或数百平方公里。范围高度取决于给定位置的环境或障碍物。随着连接设备种类的不断增加，将继续探索 SigFox 和 Actility LoRa，以及新的 3GPP 窄带物联网（NB-IoT）标准。

目前，IIoT 主流的网络解决方案是采用 Wi-Fi（占 81%的提供商解决方案）、蜂窝网络（59%）和蓝牙（50%）（如图 6-3 所示）。根据 *Business Insider* 的《2018 年全球物联网高管调查》显示，LPWAN 的使用有所增加，达到 44%。NB-IoT 网络 LTE-M 的电信部署过程相对简单，而目前在物联网提供商中的领先地位，成为事实上的物联网标准之一。

四、IoT 平台

IoT 平台是指在设备和数据存储之间传输消息的中介平台，是将物联网结合在一起的粘合剂。该定义通常还包括 IoT 的多个组件，例如，数据存储、分析以及在某些情况下的数据通信和可视化。物联网市场按三种常

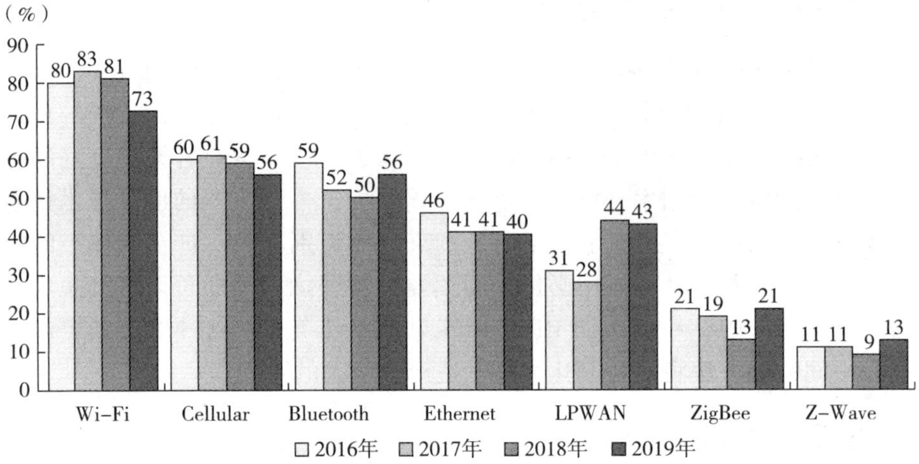

图 6-3 物联网（IoT）中的网络和通信技术发展趋势

资料来源：Business Insider Global IoT Executive Surveys，n=116。

见的平台类型细分：应用程序启用平台（AEP）、网络连接管理平台（NC-MP）和设备管理平台（DMP）。

（一）应用启用平台（AEP）

应用启用平台也称为应用程序开发平台（ADP），是 IoT 软件环境，是大多数物联网项目和生态系统必不可少的控制中心。此类平台通常为客户提供工具或模板，处理和管理数据，并包括可视化工具和业务知识/规则、算法等更高级的分析，可以创建最终用户的特定应用程序。一些 AEP 还提供了适用于通用后端企业 IT 系统的集成框架，例如 ERP（企业资源计划）和 CRM（客户关系管理）等。AEP 是物联网平台市场的最大贡献者，2017 年全球收入估计为 4.04 亿美元，2018 年达到 5.87 亿美元，预计到 2023 年将以 38.6%的年增长率增长至近 30 亿美元，将占 IoT 平台市场份额的 60%。

（二）网络连接管理物联网平台（Network Connectivity Management Platforms，NCMP）

物联网市场的关键组成部分之一是通常称为机器对机器（M2M）的无

线连接技术。这一物联网连接平台允许在机器、设备、资产、安装、单个模块甚至整个系统之间自动交换数据，促进了在移动和其他通信网络上的数据通信服务。2018 年全球物联网网络连接平台市场总额为 4.44 亿美元，随着对安全和可扩展连接的需求与物联网/ M2M 的增长并行，预计该市场将继续扩大。然而网络连接平台所利用的网络技术大致可以分为广域网（WAN）技术和短距离网络（SRN）。

（三）设备管理物联网平台

设备管理平台（DMP）支持物联网设备的远程管理，为诊断，无线（OTA）软件更新和应用程序生命周期管理提供了丰富的功能。该模块中执行的任务包括设备配置、远程配置、固件/软件更新管理和故障排除。据估计，2018 年物联网设备管理平台的全球市场为 1.77 亿美元，预计将以 33.0% 的年增长率增长，到 2023 年将达到 7.37 亿美元的市场（如表 6-1 所示）。

表 6-1　物联网平台的全球销售和增长率

单位：十亿美元,%

类型	2017 年	2018 年	2023 年	CAGR% 2018~2023 年增长率
应用启用平台（AEP）	404	587	2998	38.6
设备管理物联网平台（DMP）	131	177	737	33.0
网络连接管理物联网平台（NCMP）	350	444	1398	25.8

资料来源：Newman P. The Internet of Things 2020 [R/OL]. Business Insider Intelligence Report. 2020-03-25.

（四）物联网云平台

物联云是一个集成的物联网平台，使公司能够管理控制关键任务应用程序的系统。其服务包括机器学习（ML）工具和 AI 功能，这些功能可以获取 IoT 设备记录的大量数据，并为用户提供可行的见解。最新的技术趋势是边缘计算即在将外围设备上的数据传输到 MindSphere 之前对其进行收集和预处理，不必将来自高频振动传感器的大量数据首先发送到云中，而是可以在现场进行分析，而仅传输结果。

边缘计算在工业云中的集成使我们能够坚持基于云的系统的优势，例如快速简便的软件更新，同时还能从本地数据处理的优势中受益，例如数据安全性和响应速度快。三大物联网云提供商亚马逊、微软和谷歌与电信网络运营商之间日益进行高调合作，将通信更深入地集成到平台和更广泛的解决方案中，将使公司能够利用快速、低延迟的连接，或者使用低功耗的连接，这些设备可在现场放置多年而无须维修。

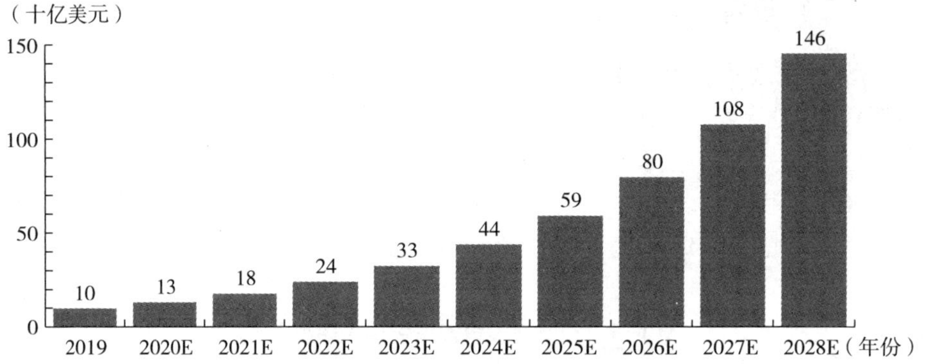

图 6-4　全球边缘计算资本支出增长率

注：2021E~2027E 表示 2016~2027 年预测值。

资料来源：Tolaga，2019。

五、安全性

由于连接设备的规模、异构性以及系统间的互操作性问题。可伸缩性是物联网系统的一项主要挑战，物联网安全解决方案必须是自动化的、分布式的、上下文相关的并且是实时的（BCC，2019）。安全性必须解决三个关键方面：资源受限设备的小尺寸因素、解决方案的可扩展性以及设备和连接网络的异构性。

企业物联网解决方案通常包括多种安全措施。提供程序包括诸如设备身份验证（76%包含此安全功能）、数据加密（75%）和安全设备管理（59%）之类的工具。这些措施都是符合通用网络安全标准的，足以抵御大多数安全漏洞。全球电信安全联盟为网络安全标准提供全球框架，以扩大企业电信的安全解决方案。该联盟的成员通过 Telefónica、SoftBank、Etisalat 和 Singtel 之间的协议于 2018 年组建，彼此共享网络智能和安全功能。

第二节 产品简介：Mindsphere 业务功能

一、产品定义

西门子的 MindSphere 是开放式的、基于云的 IoT 平台，也是工业物联网价值链中的核心模块，通过从现有企业系统中获取数据，例如，企业资源计划（ERP）、制造执行系统（MES）、监督控制和数据采集（SCADA）系统等，并与其他工业设备建立全球连接，通过人工智能、边缘计算和增材制造等技术给传统企业带来新的价值来源，是工业物联网软件平台领导者（如图 6-5 所示）。

Mindsphere 的核心是一种平台即服务产品（XaaS），能够将连接的设备和数据从云移到现场，即采用边缘计算，通过增加其资产数据来提高生产力、质量和效率，从而为来自各个行业的用户提供支持。Mindsphere 的开放性通过三种方式实现：第一，依靠开放的标准，例如 OPC UA，用以连接来自不同制造商的机器和系统；第二，在开发应用程序的编程接口中的开放性；第三，选择基础架构时的开放性。

二、产品价值链外延

合作伙伴生态系统现在包括 SAS、AWS、Microsoft、阿里巴巴和 Arrow Electronics。MindSphere 扩展了 Xcelerator 产品组合，是 Xcelerator 产品组合的核心。Xcelerator 可帮助各种规模的公司创建和利用数字双胞胎，为组织提供新的见解、机会和自动化水平（如图 6-6 所示）。

第一，流分析：SAS 和 MindSphere 的结合可用于开发功能强大的行业应用程序，通过 SAS 将真实世界与数字世界联系起来，可以使用“边缘”或 MindSphere 云中的 SAS 分析模型直接分析流数据。

第二，云计算架构：MindSphere 的重要组成部分是云基础架构供应商，

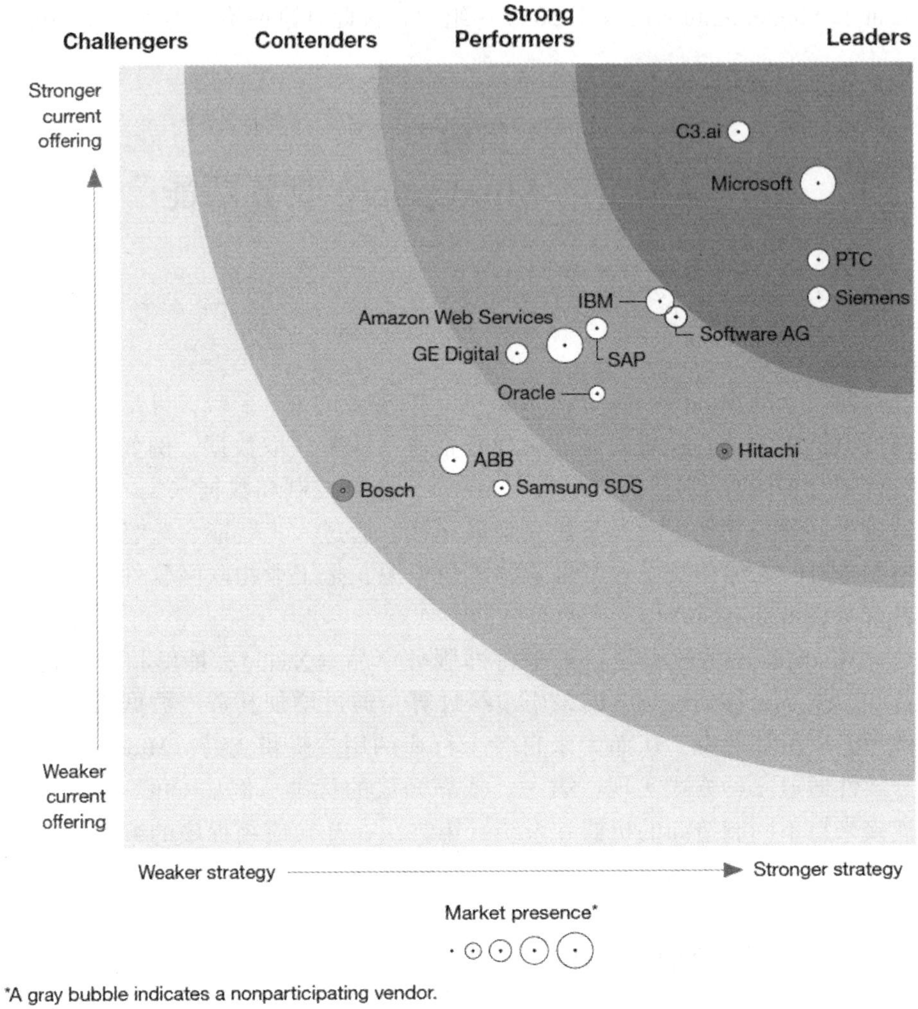

图 6-5　西门子 IoT 产品的价值链分工位置

资料来源：Newman P. The Internet of Things 2020［R/OL］. Business Insider Intelligence Report. 2020-03-25.

包括 Amazon Web Services、Microsoft Azure 或阿里云。明兹菲尔是物联网操作系统，将物理云环境连接到 IT 世界，与工业设备 MindConnect，以及整个工厂连接到物联网网关。西门子最近宣布了对 Mendix 的收购。Mendix 是低代码应用程序开发领域的领先公司之一。西门子将 Mendix 平台扩展到包括由 MindSphere 支持的数字工程和 IoT 的云和应用程序服务。

第三，边缘计算解决方案：边缘计算并不新鲜，真正的创新在于它与工业生产流程的最新集成以及它们在基于云的系统中的优化，将本地数据处理和集中式云操作系统两个方面的优点结合在一起。Siemens Industrial Edge 可以被视为工业边缘应用程序的 APP Store。SINUMERIK Edge 和 SIMATIC Edge 是作为西门子工业 Edge 实例的数字化平台，通过为 SINUMERIK 和 SIMATIC Edge 应用程序创建一个开放平台，用户可以在 Siemens Industrial Edge 中创建自己的边缘应用程序。

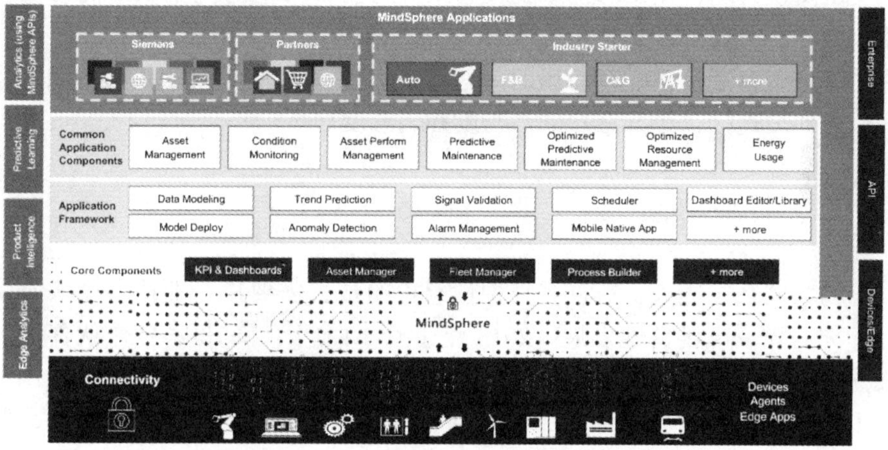

图 6-6　Mindsphere 的产品结构框架

资料来源：西门子数字业务化部. 数字化企业—思考工业未来［R］. 西门子数字化业务指南. 2020-03-10.

第三节　价值链其他参与者

一、最终市场

基于 PaaS 平台开发 SaaS 服务：首先，MindSphere 为运营商提供了一个开放的操作系统，为开发人员提供了便捷的 PaaS；其次，并为运营商提供了可靠的 SaaS 解决方案，在制造商的生产环境中安装现成的，无须编写编码知识或命令行的低代码 SaaS 解决方案。通过提供基于机器小时数的按使用量付费模型来替代出售机器，特别适合中小型公司。

一切即服务 XaaS 商业模式：一切即服务都将 X 用作任何一种产品的占位符，这意味着中小企业不出售产品本身，而是按产品的使用或输出付费。购买产品意味着威胁拥有即将过时的技术，并具有不可预测的维护和服务成本，并且无法根据客户需求进行转移。从财务角度来说，客户将资本支出交换为运营支出。例如，支持 IoT 的互联汽车的汽车制造商可以使用该服务在需要关注某个零件或需要一项服务时通知车主，或者在零售商店的货架上安装检测顾客在场的传感器，而显示器则与回答顾客问题的顾客服务代表连接，提升客户的参与度和满意度。

二、行业协会

物联网系统庞大，有许多异构性组件组成，需要以行业协会牵头来统一标准，规范市场良性发展。2018 年 1 月，西门子和 18 家合作伙伴公司成立了全球用户组织“MindSphere World”，其开放性在 MindSphere 周围创建了一个成长中的生态系统，成员包括初创公司和中型公司或跨国公司。MindSphere World 的目的是通过建立用户社区来扩展该生态系统。在 MindSphere 上开发和优化 IoT 解决方案时，将为成员提供支持。

三、行业标准

在 2018 年慕尼黑安全会议上，西门子与行业的八位合作伙伴签署了第一份联合宪章，以共同提高物联网的网络安全性。由西门子发起的《信任宪章》呼吁制定具有约束力的规则和标准，以建立对网络安全的信任并进一步推进数字化。自 2018 年以来，《信托宪章》已发展到 16 个成员。除西门子和慕尼黑安全会议外，签署者还包括 AES、空中客车、安联、Atos、思科、戴姆勒、戴尔技术、德国电信、IBM、NXP、SGS、道达尔和 TÜV 南德。2019 年，三菱重工（MHI）作为第一个亚洲企业在东京签署了加入网络安全信托宪章的意向书。此外，作为政府和高校等价值链重要参与者，德国联邦信息安全局、西班牙 CCN 国家密码学中心和奥地利格拉茨工业大学也加入了章程，成为准会员。

四、政府的角色

（一）以竞争政策为制度基础来缓解数字鸿沟

传统使用消费者福利作为反托拉斯政策指标标准不适合评估数字经济的免费商品模式对竞争的潜在影响。需要扩大消费者福利的概念，包括消费者隐私、个人数据保护、消费者选择、转换成本和锁定效应等综合进行度量。还应当考虑侵犯隐私对消费者造成的损害来对数字平台滥用市场支配力进行评估。

（二）探索数字税收政策，对数字经济价值合理纳税

数字公司的边际生产成本为零，其收益基本上是租金，因此征税不会影响产出。但全球数字平台的无形资产比重较高，无法准确测算价值来避税。发展中国家是数字平台的重要收入来源，因此公司应根据其经济活动发生地而非其法律归属地来征税。同时应制定合理的收入分配公式来消除平台公司利用转移定价和子公司来转移利润的风险。

（三）数字主权和隐私保护制度构建

数字主权应当强化规定对数据的控制、访问等使用权限。数字主权可根据不同数据类型将其既定为公共物品、私有财产或集体数据所有权，并分别管理。但保障数据具有合法价值的前提是采取保护隐私的积极措施，并作为未来数字贸易的重要共识。

（四）出台应对数字化市场的新型监管政策

数字平台日益取代市场的无形之手变成数字化之手。平台可能通过算法等非透明方式对价格进行操纵。因此，应对数字平台进行监管以确保所有企业的开放和公平访问，以便创造公平的竞争环境。

第七章

新冠肺炎疫情冲击下数字经济提振我国服务业的实施路径

2020年伊始，新冠肺炎疫情突如其来、席卷全球，截至3月24日业已累计37.61万人确诊，造成1.64万人死亡，波及全球180多个国家和地区。随着国外疫情确诊人数开始远超国内，短期内我国外贸将受到持续的负面影响。从贸易总量来看，2020年1~2月，我国对美日欧的出口金额分别下降27.7%、18.4%和24.5%。从贸易结构来看，我国制造业企业基本实现复工复产，对于货物贸易的长期影响将主要来自外部需求萎缩。但是，由于服务业的主要生产要素是劳动力，新冠肺炎疫情蔓延使我国劳动力也无法跨境提供服务，因此疫情的持续长期蔓延对服务业同时将造成来自供给侧和需求侧的双重负面影响。

第一节
数字经济提振我国服务业的影响机制

数字经济包括信息通信技术（ICT）和数字业务，更具体而言包括IT、电信、电子商务平台、数字解决方案和数字内容。在新冠肺炎疫情暴发期间，数字经济已经展现出了增强经济韧性和抗冲击能力的强大潜力。在线直播、远程办公、智能物流等无接触经济成为疫情之下经济增长的新亮点。其中，数字经济对服务业的支持作用主要体现在以下几个方面。

一、数字经济同时具有免费商品和通用技术属性

首先，从需求端来看，数字商品是免费商品。在线产品和服务可以以几乎为零的边际成本进行复制和分配，其均衡价格也近乎为零。而且由于使用权具有非独占性，多名消费者可以同时使用，因此具有巨大的网络效

应。虽然数字商品由于价格为零无法被传统统计方法计入 GDP，但是能极大地提高消费者剩余和社会福利。其次，从供给端来看，数字技术是通用技术。作为继蒸汽机、电力和计算机之后的第四代通用技术，数字技术与各行业的特定技术结合能够改造传统行业的生产函数，提升企业创新能力，提高传统资本、劳动等要素的边际产量和生产率。

二、数字经济大幅度降低服务业成本

服务具有不可贸易性，不同于货物贸易成本主要来源于运输成本，服务业成本主要来自信息成本和面对面成本。第一，数字经济使服务业的信息成本大幅度降低甚至接近于零。数字商品的复制成本趋于零，数字领导企业通过快速积累网络效应来扩展市场份额，最终通过出售附加服务来获利。数字技术通过降低追踪成本，为服务业企业快速创建一对一市场，通过广告精准推送来增加收入。数字经济还降低了验证成本，通过在线声誉系统帮助服务业企业创建数字声誉，打造品牌效应。第二，数字经济通过组合创新降低面对面成本。服务的不可贸易性是指需要服务供求双方在同时同地完成联合生产，其主要来源于面对面成本，远程办公等新型数字技术正在迅速降低这一成本。但对于服务业而言，远程办公与机器翻译、增强现实、5G 等技术相结合的组合创新才能真正降低服务业的面对面成本，最终实现跨境交付（模式 1）对自然人移动（模式 4）的完全替代。

三、数字经济从供给端对服务企业供应链进行数字化改造

从供给侧来看，数字化服务企业对比传统企业的真正优势在于，在面对新冠肺炎疫情等突发危机或者复杂的外部变化时，数据能够及时传递和反馈，全面、精准获取信息，更短时间内做出科学决策，快速应对从而最大限度地降低损失。

第一，数字技术增强传统要素的生产率。目前对我国来说，劳动力成本相对较低，机器对劳动力是互补和赋能，数字技术提升劳动生产率，也将提高相对工资。但长期来看，机器将提高资本对劳动的替代率，增加数字技术设施投资，也将提高资本利率。改变传统产业的生产函数。信息技术使自动化资本代替劳动，但同时增加新任务来雇用更多劳动力。第二，

数字技术改造传统行业生产函数。数字技术同时降低了生产、管理和交流新技能的进入壁垒和下游渠道成本，却增加了发明成本。因此，固定成本提高，边际成本趋近于零，成本曲线呈现水平趋势。数字技术对传统行业的生产函数进行重新组合，带来效率提升的“J-曲线”效应。

第二节 新冠肺炎疫情之下数字经济提振服务业的积极作用

一、短期效应：提高服务业新业态规模

（一）短期来看，数字经济的组合创新拓展服务业交付模式

其中，几大关键的数字技术是：①机器翻译：谷歌基于机器学习训练的翻译系统与人工翻译的平均水平已相差无几，eBay 数字平台通过采用机器翻译使出口增长了 10.9%。机器翻译能够跨越语言障碍，是转变传统服务提供方式，扩大服务业的关键技术。②远程办公：在新冠肺炎疫情期间，Business Skype、钉钉等办公协作平台能够很好地支持团队沟通、文件协同和在线会谈，也是未来服务业跨境交付的主要支持工具。③增强现实（AR）和虚拟现实（VR）：AR 和 VR 除了游戏和增强消费者体验方面的应用之外，目前已经逐步在银行、咨询或法律顾问等行业用于商务环境，将二维界面转化为三维，同时实现设备的远程控制，能大大加强在线沟通效率，实现全新的在线出席模式。

（二）数字技术拓展原本跨境交付模式的新功能

首先，拓展现有跨境电商平台的业务范围。机器翻译的实时翻译技术不仅能用于商务环境，还可以内嵌在电商平台和视频网站提供实时笔译和口译，为网络直播提供翻译。其次，将业务模式由产品销售转为服务租赁。随着平台经济的蓬勃发展，按时按需计费的服务租赁通过共享经济平台日益取代产品销售，通信、云计算等均可以实现远程服务租赁。最后，3D 打印实现软件与信息技术服务的定制化。将设计图纸或文件通过扫描转

化为3D数字模型，满足远程实现消费者定制化需求。

（三）打造混合空间实现“云旅游”

对于最大化游客满足感来实现销售的旅游业来说，数字技术可以通过构建数字化旅游场景来代替现实旅游。在现有图片和短视频浏览的数字旅游基础上进一步打造数字增强旅游，鼓励具有增强现实和虚拟现实技术的旅游景点将混合现实进一步拓展为混合空间。将AR和VR技术结合网站设计和数字内容创建，最大化增强游览混合空间的游客体验，将物理空间和数字空间进行无缝连接。旅游景点网站可以通过扩充历史文化故事，仿照游戏设计虚拟桥段，使用GPS坐标和近场通信（NFC）来创建某一地点的触发事件，销售定制化旅游纪念品等，实现游客体验的立体式提升。

（四）5G协助远程医疗协助各国进行数字抗疫

各国新冠肺炎疫情暴发之际，协同医疗需求巨大。远程医疗技术可以实时传输我国业已积累的丰富临床经验，同时积极拓展我国医疗卫生服务业。远程医疗主要依赖5G网络进行医护人员的实时交流，保证无时延的信息传输。同时，还应满足远程进行医疗数字化档案（如X光片）的高质量传输。

二、中期效应：扩大服务贸易人才供给

（一）中期来看，数字技术带来远程移民效应，大幅度提升高质量服务贸易劳动力供给

远程移民（Telemigration）是指在发展中国家劳动力维持成本优势以及数字技术大幅度降低面对面成本的前提下，发达国家企业开始雇佣发展中国家掌握数字技术并且具备熟练专业技能的劳动力，以降低使用本国劳动力的工资成本。这一现象基于逐渐兴起的零工经济和网络自由职业，并将市场拓展到全球。以印度为例，规模庞大的高等教育人才，为发达国家企业提供远程呼叫中心、账单后台、企业管理的外包服务，强有力地推动服务贸易发展。

(二) 机器翻译是在线劳动力供给的关键支持技术

Baldwin（2019）发现全球以英语为第一语言和第二语言的潜在在线劳动力约为 10 亿，机器翻译可以将此规模扩大到 2~3 倍。截至 2019 年，我国高等教育超过 50%，实现高等教育普及化，将有极大潜力成为服务贸易在线劳务出口的巨大劳动力供给地。例如，基于越来越发达的 5G 网络和物联网技术，当远程机器人实现成本大幅度下降之后，发展中国家的技术工人可以为发达国家提供设备远程维护、病患和老人的远程护理，甚至远程控制机器完成清洁、打扫等家政服务，实现生活性服务的远程提供。

(三) 数字技术将彻底改变服务贸易的提供方式

随着新基建的全面铺开，5G、云平台、机器人等技术的普及，导致贸易结构发生根本性转变。机器人正在逐渐普及对劳动力的替代，最先替代的是制造业低端劳动力。中期来看，这一趋势对贸易的影响在于，劳动密集型制造业成本逐渐趋同，我国传统货物贸易的比较优势逐渐丧失。但是由于劳动力无法跨境自由流动，因此劳动力成本差异将始终存在，我国将依然保留劳动成本相对较低的优势。因此，一方面，数字技术发展导致货物贸易因为各国成本趋同转而由国内生产替代；另一方面，数字技术持续降低面对面成本，成为扩大我国服务贸易的重要推动力。服务贸易也将从以中间投入嵌入货物贸易来提供价值为主的方式转变为直接服务出口的提供方式。

三、长期效应：对供应链进行数字化改造

(一) 长期来看，数字经济通过影响供应链形态来影响服务贸易

数字技术作为通用技术，未来的发展方向是对所有非数字行业进行渗透，改造“微笑曲线”上所有服务环节。数字技术对资本和劳动这些传统要素进行赋能，结合不同产业的特定技术，彻底改造传统的生产模式和生产函数。

（二）数字技术对企业供应链的服务环节进行流程再造

改造企业供应链的关键数字技术包括：①电子数据交换（EDI）：该项技术是在B2B模式下使用通用表单系统直接连接买卖双方的计算机，客户创建的电子订单立即复制到供应商端口，同时生成电子发票，节省时间和避免人为修改，同时数据可用于客户购买行为的分析。②无线电射频识别（RFID）：这是客户管理库存（CMI）及供应商管理库存（VMI）的核心技术，客户通过扫码提供购买信息，再通过RFID生成的电子标签传输到仓库和配送中心，配合EDI可以实现自动化订单执行。这一技术能使零售商在消费者下单的同时实时进货，大大降低市场需求变化带来的库存压力，实现供应链弹性管理。③物联网（IoT）：物联网的传感技术实现硬件、软件、工人和数字化应用的全面互联，再通过5G工业网络实时将数据反馈到数据中台，进行无时延的生产流程监控。

（三）创新平台从供给端提供生产流程数字化改造的开放创新基础设施

创新平台是指开发数字技术的协同创新环境和构架，包括开放式代码编写、操作系统等软件开发、技术标准制定和数字内容生产等，如云计算平台、安卓等开放式移动操作系统。创新平台创造价值的重要来源是技术标准和模块化，以研发众包为主要形式的开放式创新，众包对象包括代码、标准设计和产品研发。创新平台是实现数字化从消费端过渡到供给端、打造数字化供应链的关键。随着以电子商务平台为主的交易平台逐渐普及，来自数字平台的网络效应的一阶收益逐渐递减，但是基于创新平台的数字技术应用的二次开发将带来二阶收益，将数字技术的影响力从需求端转向供给端。

（四）数字卫生和数字医疗将成为服务贸易未来发展的技术前沿

数字医疗技术包括数字医疗检测、诊断、临床诊疗、医疗监测监控、医疗康复技术等。其中关键技术包括：①全基因组测序：通过鉴定遗传性疾病、识别致癌的基因突变，以及追踪疾病暴发的关键技术。②生物传感器：将敏感的生物元件通过换能器转换为电信号进行检测的仪器。③基于大数据的公共卫生预警机制：通过建立数字化医疗档案，包括个人健康追踪、人工智能诊断、人口健康管理等构建公共卫生大数据，建立包括传染性疫情在内的危机预警机制。

四、政策建议

（一）做好数字经济发展战略的顶层设计

面对全球数字领导企业的先进技术、网络效应和标准制定的优势，需要明确我国数字企业发展的差异化路径。第一，政府应当牵头构建数字基础设施和生态系统，弥合数字鸿沟。数字企业需要庞大数据作为支持，来满足供给端协同创新的需求，政府应当积极承担数字基础设施建设的角色，不断提升宽带与网络硬件设施的连通效率，与本国数字龙头企业共同打造区域性创新平台和生态系统。第二，先行突破数字应用层面的创新。鼓励数字企业基于现有国际数字标准和平台开发差异化的数字应用，来满足我国传统企业数字化流程改造的需要。第三，深耕数字技术细分市场。在庞大数字市场的细分市场中不断培养隐形冠军，鼓励数字企业和传统行业龙头企业合作研发，大力增加二阶收益，加快数字技术对传统行业的渗透。

（二）将数字技术作为高技术人才培养的通用技能标准

随着数字技术作为通用技术的普及，未来我国服务贸易发展需要大规模同时掌握数字技术和行业专业技术的高技能人才。第一，将数字技术作为基础技能列入高等教育培养标准。企业管理部门对数字技术人才的需求越来越大，仅靠企业培训和职业培训无法完全满足人才需求，因此，高校除了软件和计算机专业外，应当将数字技术作为基础培养目标，大规模培养具备数字技术和专业技能的通才。第二，培养数字产业骨干技术人员。联合数字企业、专业技术学校和职业培训机构，搭建数字产业人才交流和技术培训平台。鼓励数字企业委派工程师和技术人员到境内外进行同业交流或进修，给予相应政策支持。第三，创建青年数字科技人才交流学习项目。政府牵头鼓励企业与高校合作，协力打造数字产业科技研究院等开放式平台，大力引进国内外数字产业科技领军人才，培育本地数字科技青年人才。第四，持续加强政府公务人员的数字技能培训。具备数字技能的政府公务人员能够更好地理解企业在数字化转型中的需求并提供政策支持，为打造数字政府培养技术性政务人才。

(三) 积极探索基于数字技术的服务贸易新业态

第一，积极发展5G、智能经济、大数据健康服务新业态、新模式，鼓励各地试点建立数字经济创新发展试验区，以政府推动加市场检验的方式探索数字技术与服务贸易结合的新型业态。第二，构建数字技术的创新系统。建立政府—研究机构—企业良性互动的产学研一体化区域创新系统，构建多元化创新主体来分担研发风险。制定技术预见的共性技术评价体系，实施结构性政策来确保数字产业创新链升级。第三，建立健全知识保护制度体系。引导数字技术研发重点从应用技术转向服务业共性技术。开放创新前瞻计划，通过专属授权使得创新主体优先分享知识产权收益，提高创新主体参与研发的动力。

(四) 构建以竞争政策为基础的数字市场监管体系

第一，尽快将数字市场监管纳入制度建设范畴。电子商务等数字平台逐渐代替传统线下市场为供求双方提供交易场所，但是以私营身份运营数字市场，极有可能因为追求垄断利润导致市场失灵，应当尽快建立数字市场监管体系来保障数字经济下企业的公平竞争。第二，扩大消费者剩余范畴来应对数字市场新型监管要求。传统的价格监管来限制垄断的方式可能失效，是因为数字商品具有免费商品属性，领导型数字平台也可能借助掠夺性定价方式通过低价逼退对手。因此，需要扩大消费者剩余的范畴，包括消费者隐私、个人数据保护、消费者选择、转换成本和锁定效应等，来考察数字市场是否因为寻租而伤害消费者福利。第三，保障在线交易的中小企业公平竞争，以扩大平台的网络效应。由于数字平台在价值链中的核心地位，依托于平台而交易的中小企业在价值链治理中缺乏话语权。平台可能通过算法等方式来控制数字市场供求，使得中小企业的利润受损，生存空间受到挤压，因此应当明确界定数字平台的网络效应，度量企业因为网络效应而导致的竞争压力。最后，保障数字平台对所有企业的开放和公平访问。创造公平的竞争环境，比事后根据反垄断法进行规制更为有效。

（五）构建基于大数据的医疗卫生预警防控体系

第一，建立基于大数据的卫生防疫体系。全面建立数字化医疗档案，降低建立一对一个人健康追踪的信息成本，构建基于大数据分析预测技术的、具有前瞻性和预测力的卫生防疫体系，建立全面的医疗卫生预警机制，增加公共卫生对于突发病情的预见性和控制力。第二，鼓励龙头数字医疗企业对标世界一流水平进行产品和服务创新。通过明确实施数字医疗技术监管和制定行业激励政策两方面来扩大市场需求。关键在于制定数字医疗技术的产品标准，对数字医疗技术的实验、临床实验、诊断和治疗进行规范化，并将应对公共卫生危机纳入预警范畴。第三，落实医疗卫生风险管理法规保障。制定医疗卫生风险管理政策，强化危机管理意识，建立明确的危机管理责任和职责，以识别、管理和监控风险。同时建立反馈机制，及时在重大危机中吸取经验和教训。

（六）积极参与双边与多边贸易协定来监管跨境数据流

将数字技术应用到服务贸易中首先要保障跨境数据流的数字安全。第一，建立合理的隐私保护制度。保障数据隐私逐渐成为国际共识，一个国家（或地区）数据资源的集体数据所有权可以采用。通过设立集体数据基金的形式进行管理，建立数据资源根据许可协议共享的基础，为进一步开发为数字技术明确权限。第二，制定明确的数据本地化制度。明确跨境数据传输关税和数据贸易禁令，推行隐私法和数据保护法等综合性措施。同时，在国内建立数据存储和定位中心，以及限制跨边界移动和处理个人数据的法规。

第八章

发展数字经济的国际国内先进经验借鉴

全球经济大国数字经济规模不断扩大。发展数字经济应当具备两重基本保障：保证数字连通性，以及健全支持性的非数字机制保障。一方面，广泛并且高效的数字连接帮助中小企业跨越参与价值链的固定成本，从自给自足升级为初始连接；另一方面，应当构建全方位制度保障来打造公平竞争的营商环境，消除“数字鸿沟”等技术垄断带来的福利损失，帮助企业持续实现价值链攀升。

根据《全球数字经济竞争力指数（2020）》报告，美国以明显优势占据该竞争力排行榜榜首（中国位居第二），其数字经济总量达到13.52万亿美元（中国为5.56万亿美元），占本国GDP比重为59.2%（中国为36.16%）。以下通过梳理美国、德国和日本等国及部分地区数字经济发展的先进经验，为我国提供政策性参考。

第一节 发达国家数字经济发展战略国际经验

一、美国全面实施数字经济发展战略

美国是全球首个将数字经济从商业行为上升到国家战略的国家，具体措施包括加强数字连通性，制定数字政府战略，推进数字产业化发展，全面构建国家数字经济生态体系（来有为、宋芳秀，2018）。

（一）美国将保障数字连通性作为数字化战略基础

美国于2010年出台投资总额为72亿美元的“国家宽带计划”（National Broadband Plan）实现宽带全面覆盖，解决美国国内区域间的“数字鸿沟”

问题。2017 年，美国进一步将以建设 5G 网络为首的数字基础设施作为国家安全的首要任务，同时在商业用途和工业用途方面提升互联网运行效率。

（二）美国实施数字政府战略，提升电子政务效率

美国构建了一个包括信息层、平台层和应用层的数字服务整体框架，全面实现政府文件数字化。建立跨机构信息共享平台，要求政务数据可以随时访问并及时更新，为企业和居民开发和提供数字服务，大幅度提升电子政务效率。制定数字安全和隐私保护标准化实施指南，在完整的数字化技术生命周期中确保企业数字技术和共性技术创新安全性。

（三）美国推进数字产业化发展

美国政府相继于 2012 年和 2016 年出台“联邦大数据研究与开发计划”和“联邦大数据研究与开发战略计划”，致力于广泛采用数字技术来提升传统产业生产效率。两大计划主要围绕大数据产业发展七大领域展开，包括技术研发、网络基础设施建设、数据共享和管理政策、人才培训和搭建创新生态系统等。

二、德国大力推进传统工业数字化转型战略

德国联邦政府基于“工业 4.0”战略制定了“数字化战略 2025”，更加注重在工业领域推进数字化转型战略，包括以下几个方面：互联网基础设施投资、为中小企业提供数字化转型支持和保障网络安全。

（一）德国积极投资数字基础设施

德国网络基础设施建设核心在于对覆盖全国城乡的宽带基础设施进行升级改造，具体包括：建设千兆光纤网络、数字基础设施，实现“智能网络化”，提升企业数字连通效率；各级政府均开发了人口资源、经济社会、地理环境等基础数据库，给企业和民众充当数字应用服务商。

（二）德国为制造业中小企业数字化转型提供政策支持

2016 年，德国联邦政府制定了支持公司从事数字产业投资和创新的监

管框架，包括：首先，政府带头投资大数据创新领域，推动数字化商业模式创新，帮助德国传统制造业企业重塑价值链；其次，发挥"工业 4.0"对先进制造业发展的引领作用，重点突破物联网技术，推进智能生产系统与分布式、网络化生产站点的发展，同时建立大企业对初创企业的扶持机制；最后，对科研领域提供数据支持来鼓励数字化技术的研发。

（三）德国非常注重网络安全

德国联邦政府于 2015 年构建全面的网络安全政策框架，以确保网络自由和安全，分别于 2015 年和 2017 年两次制定 IT 安全法，对能源、通信技术、金融和运输等重要部门保障网络基础设施安全性，同时注重保护德国企业的数据主权。

三、日本依托国际合作和自由贸易发展数字经济

日本在生产领域数字化发展有着深厚积淀，如数控机床、工业机器人等一直是全球翘楚（World Economic Forum，2017）。日本互联网发展的相对滞后一定程度上抑制了其在数字化生产领域的竞争优势。因此，日本通过国内战略推动、寻求国际合作和加强安全保障等几个方面来发挥数字经济对本国产业发展的促进作用。

（一）日本将数字经济战略从供给侧拓展到需求侧

日本政府陆续发布了"i-Japan 2015"战略（2009 年）、日本振兴战略（2013 年）、智能日本 ICT 战略（2014 年）和"社会 5.0"理念（2016 年）。其中，"社会 5.0"是一个比欧洲"工业 4.0"更广泛的概念，旨在将数字经济融入国民日常生活中，打造人与人工智能共生的闭环，刺激消费者对数字技术及其相关产品的需求，并通过政务服务数字化来简化政务流程，改善投资环境。日本还为 IoT 领域的外资公司提供财政补贴，支持其在日本建立创新中心来进行实验或可行性研究。

（二）日本扩大服务贸易自由化来寻求数字经济国际合作

2018 年，日本与欧盟签署了欧盟—日本经济伙伴关系协定（The EU-Japan EPA）。欧盟和日本在数字经济领域通过交叉投资、监管合作和深层

次贸易协定进行深度捆绑，签署互认协议（MRA），确保双方投资者权益和开放性创新环境，允许两个经济体之间双向跨境数据和私人信息流动。日欧或者跨国投资者可以使用通用数据平台来托管企业软件、系统和数据库，无须重复投资搭建新系统。同时，日本还致力于推进美国已经退出的全面与进步跨太平洋伙伴关系协定（The Comprehensive and Progressive Trans-Pacific Partnership，CPTPP）。日本在 ICT 领域的非关税壁垒低于中美韩等各国，对外资企业不设置强制许可和对在线访问或跨境数据流的限制，为投资数字和 ICT 产业提供了良好的营商环境。

（三）日本在数字经济开放的同时强调网络安全

日本网络安全法律体系包括：《网络安全基本法》（2014 年）、《网络安全战略》（2015 年）和网络安全信息共享伙伴关系倡议（2017 年）等。日本还特别强调物理网络领域的安全性，相关政策包括关于物联网系统安全的总体框架（2016 年）和物联网安全综合对策（2017 年），并鼓励企业积极参与网络安全投资。

第二节
国内外地区与城市发展数字经济典型案例

一、美国旧金山硅谷数字经济发展的先进经验

美国旧金山的硅谷是许多数字领导企业包括苹果、Facebook、谷歌、微软和优步等的诞生地，是数字经济中无可争议的领导者和开拓者。数字经济对美国 GDP 的贡献估计在 59%。自 2007 年以来，美国数字服务的出口额每年都超过进口额。数字化增强有利于美国振兴传统制造业和鼓励商品出口，数字经济与传统产业深度融合成为了美国经济增长的有效路径和缩减的美国贸易逆差的有效保障。从就业结构看，计算机硬件设计与制造、半导体与相关设备制造、网络和信息服务、软件、通信制造与服务、IT 维修服务以及导航、测量与电子医疗设备制造等 ICT 从业人口占 20%。从专利构成看，计算机、数据处理与信息存储及通信行业的专利一直是硅

谷之最，尽管近年来呈现下降趋势，但2018年仍占到65%左右。从风投结构看，软件、网络与设备、通信、IT服务、半导体、计算机及周边设备等领域的风投比例长年占到硅谷50%以上，而且硅谷前十大风投企业中有8家所处领域是软件和计算机及周边设备。

硅谷数字经济高速发展的要素包括：集聚的大学和研究机构的主导作用；高度发达的风险投资市场；中小企业高度协同的本地生产网络。其中，高校的创新能力和成果转化能力是硅谷数字经济活跃和持续发展的核心力量。

（一）以高度密集的著名大学群为创新主体，注重鼓励科技成果转化

硅谷是美国著名高校较为集中的地区之一，在整个湾区及周边地区，分布着包括：斯坦福大学、加州大学伯克利等众多分校，共计60多所各具特色的大学，为硅谷的创新创业源源不断地提供新思想、新创意、新技术和大量的人才。硅谷受过高等教育的人口比例很高，且持续增长，成为数字经济创新推动的重要基础条件。首先，硅谷高校长期获得政府大量基础研究经费投入。以斯坦福为例，其每年科研经费约16亿美元，其中82%来自政府的支持，其余的经费来自企业赞助，只要企业对大学研究内容感兴趣，它就会不求回报地赞助。政府支持项目和经费集中于基础研究，都是面向未来20~30年科技发展，不要求申请专利，注重进行前瞻性布局。其次，硅谷高校有重视创新创业的优良传统，有非常好的创新创业的环境，有鼓励大胆冒险、自由探索的氛围和容忍失败的多元文化。教师和学生有着充分的学术自由，高校教师可以自由选择从事学校的教学和科研的工作，或者给科技企业担任顾问或者独立董事等。再次，高校科技成果转化依靠专业性极强的科技成果转化管理团队。斯坦福大学技术许可办公室（OTL）是美国最大的技术许可办公室，不但是斯坦福大学科技成果转移转化的唯一授权代表，职权范围涵盖科技成果确权、知识产权价值评估、商业计划制订等环节，还同时负责撮合知识产权交易。最后，高校拥有科技成果自主处置权。硅谷各高校的科研经费80%以上来自美国政府资助，但根据1980年《拜杜法案》，联邦政府资助的科研项目取得的专利、软件书权等发明成果，其所有权属于高校等受资助单位，成果转移的工作也由高校负责，最大限度地保障了创新主体的科技成果转化动力。

（二）硅谷具有相当成熟的风险投资体系

完善的风险投资机制是硅谷科技创新与产业化的前提。硅谷的风险投资基金是初创型企业资金的主要来源，它以市场为导向，不依赖银行，大多来自风险投资者，投资对象为未上市、新兴的和具有巨大竞争潜力的企业。在硅谷，许多风险投资人、创业投资基金的管理人都是工程师出身，对技术的创造性、知识的前瞻性和产品的市场前景有很好的判断能力。基金公司不仅提供创业资金，还提供企业管理和技术服务，全球著名的苹果、谷歌、微软、思科、雅虎、亚马逊等公司都是靠风险投资发展起来的。任何有价值的创意、技术在硅谷都能得到很好的投资与帮助，因此，风险投资是硅谷高技术企业经济增长的发动机，是斯坦福大学的科技成果转化的加速器。

（三）具有极富创新能力的中小企业生产网络

首先，硅谷的成功源于数字领导企业以及其上下游企业之间的密切协同，而不仅仅是企业集聚所产生的规模效应。数字产业集聚不再仅仅是数字企业的集聚，其本质是数字产业的供应链集聚，多个数字企业通过供应链实现核心技术和信息的共享，实现核心竞争力的整合。同时，由于区位优势，成本优势，创新优势等原因，多条数字企业供应链逐渐形成集聚，同时积聚内部的供应链形成交叉的网络结构，最终成为数字产业集聚。其次，进而由供应链再完善成为成熟的产业链。数字产业链包括数字产品的研发、软硬件基础设施的搭建、产品生产流程控制，品质管理和投放市场，所有这个过程涉及生产者和生产活动的组织和利润分配。产业链的良性运转以高度协同的生产过程为基础，而并非以企业集聚为基础，更有赖于本地产业链的连接机制的构建和交易成本的降低，使得从本地采购中间品的收益与成本之差低于从外地采购，自发形成产业规模扩大的向心力，进而推进产业集群的打造。

（四）以提供服务为主的政府治理模式

在创新高度发达的硅谷，创新活动对政府提供多元化的服务提出了更高的要求，建设服务型政府成为科技创新中心政府部门的主要努力方向，以政府收入来源作为一个侧面反映政府的职能构成的指标。具体分别以税收和有偿服务代表政府的管理和服务职能为例，2018 年硅谷地方政府的有偿服务收入占全部收入的 48%，而收取财产税和销售税获得的税收收入则只占 29%，这表明当地政府行使的服务职能明显多于管理职能。

二、德国柏林科技园“工业 4.0”发展的先进经验——以柏林 Adlershof 高科技产业园为例

2013 年 4 月，德国政府提出“工业 4.0”战略，“工业 4.0”的创新创业生态体系正在德国科技园区孵化成型。德国注重将园区开发和城市总体战略相结合，打造产城融合和生态智慧型科技城区，为德国城市/城区未来发展模式提供城市级在线实验室（urban living lab）。

Adlershof 高科技产业园作为德国较成功的高科技产业园区之一，也是欧洲最大的综合性一体化技术园区，坐落在德国首都柏林市的东南。1991 年，联邦政府将德国洪堡大学应用科学类的院系搬迁到园区，科技园区开始推行孵化器战略，营造创新创业生态体系，1993 年，园区正式被联邦政府认定为开发区，正式成立 Adlershof 科技园。主导产业包括信息技术产业（ICT）和传媒、微系统和材料、生物技术以及光学等。2018 年，该园区有 613 家企业，产值 10.12 亿欧元，公共财政 4500 万欧元。

（一）政府主导园区发展方向

与硅谷自下而上的方式不一样，柏林市政府的政策导向性非常明显。但是，联邦政府和柏林市政府没有直接参与园区投资，只是引入洪堡大学部分院系作为创新源泉，同时引入欧盟结构基金来促进园区的基础设施建设，提供优惠与扶持政策，如允许开发商通过租赁或出售土地来招揽投资者或创业者。柏林政府还非常重视吸引社会力量及资本投入，在早期园区发展中就实行市场化运作。入驻园区的企业还可以获得多渠道资金支持，例如，申请复兴信贷银行支持中小企业的“EPR 创新计划”以及柏林未来基金等。

（二）高校的研究目标向应用创新高度倾斜，研究类社会组织在产研结合中发挥重要作用

洪堡大学等德国著名高校崇尚“教研合一”理念，例如，为高校特别

开辟创业教育的教授席位制度，从制度上鼓励校企联合，与各领域龙头企业如西门子、拜耳和大众等企业定期合作。德国目前有弗劳恩霍夫应用研究促进协会等四大代表性非营利社会组织，承担了德国政府、柏林州政府和企业的合同研究任务，年均总研发经费超过100亿欧元，主要采取“合同科研”的方式，通过研究所的多学科合作，可直接、迅速地得到为其“量身定做”的解决方案和科研成果。

（三）专业机构进行园区管理和运营，建设完善有效的企业孵化模块

柏林州政府作为唯一股东成立了WISTA管理公司对园区进行专业化管理，下设工程、设备和创新中心三个子公司，全面负责Adlershof科技园基础设施建设和科技成果孵化，管理园区的6个洪堡大学下属研究所、10个非大学研究机构、8个技术中心和3个孵化器。园区针对初创企业的不同需求开发了三种不同的孵化模块，即加速器（针对专利技术的产业化应用提供快捷服务）、企业工厂（为特定公司进行模块化定制，致力于将科技成果转化为商业价值）和孵化器（为初创企业提供企业化咨询指导和资金支持等）；还对大学生创新创业提供企业化指导和经济补贴，也对创业者和微小企业的发展起到了制度支持和法律保障的作用。

（四）重视创新创业产业集群和规模化创新体系育成

Adlershoff科技园实行“大园区”战略，其目标定位不是简单的工业园，而是科研和产业相结合的高科技园区。例如，搭建园区内企业交流平台，成立东西方合作中心，频繁地举办各种科技推介活动，促进园区内东西欧企业交流与合作，将关联性创新主体（高校、研究所、包括中小企业在内的初创企业、大企业和孵化器等）集聚起来，培育有竞争力的行业上下游链条以及建立可持续的生态体系。

（五）产城融合的发展模式

Adlershof交通便利，周边生活（休闲、居住、商业等）资源很多，风景宜人，区域内部购物广场、托儿所、学校、餐厅和运动设施齐全，适合单个或多个家庭落户居住。绿色环保的发展理念和宜居的整体建设思路特别有利于吸引高端人才长期落户，为园区发展做出长期贡献。

三、深圳数字经济发展的先进经验

深圳是中国改革开放最早的一批城市之一，也是中国数字经济发展的龙头引领城市，在“互联网+”、大数据、人工智能等领域取得了令人瞩目的成就。根据腾讯研究院发布的《中国“互联网+”指数报告（2020）》中显示，2019 年深圳的数字经济发展水平居于全国第一，总额达到 2.78 万亿元。同时，根据国家信息中心的数据估算，2019 年深圳的信息社会指数蝉联全国各大城市首位，是国内唯一进入信息社会发展中级阶段的城市。

（一）做好数字经济发展顶层设计

深圳市一直致力于对数字经济进行总体布局，并将产业规划延伸到数字经济细分产业。2015 年，深圳市发布《“互联网+”行动计划》，计划到 2020 年，建成具有国际先进水平的网络基础设施，使深圳成为重要的国际信息港。在大数据方面，深圳市发布了《深圳市促进大数据发展行动计划（2016—2018 年）》，到 2018 年底建成完善的大数据基础设施，形成较完善的具有核心自主知识产权的大数据产业链。在工业互联网方面，深圳市发布《工业互联网发展行动计划（2018—2020 年）》。计划到 2020 年，全市在重点行业开展工业互联网创新集成应用，生成智能化生产、网络化协同、服务化延伸等工业互联网新模式新业态。在人工智能方面，深圳市发布《关于进一步加快发展战略性新兴产业的实施方案》（深府〔2018〕84 号），发挥深圳人工智能硬件终端制造、用户数据资源储备、应用模式创新等比较优势，加快突破人工智能核自技术，推动人工智能特色应用示范，建设全球领先的人工智能产业高地。从政府顶层设计出发全面推进数字经济全产业链发展。

（二）数字基础建设覆盖面广，为数字经济发展打下良好基础

一方面，深圳市建立了全市统一的政务云平台、大数据中心、时空信息平台、城市大脑等基础支撑平台，构建了集约共享的信息化应用支撑体系，如国家超级计算深圳中心，运算速度为 1271 万亿次/秒，居国内前列。另一方面，深圳市不断完善数据治理体系建设，成立大数据管理中心，建立深圳市政务信息资源平台和政府数据开放平台，数据融合共享能力突

出，基本实现建设智慧城市所需的数据规模。

（三）数字经济成为引领城市经济发展的重要推动力，龙头企业的带动作用明显

2019 年深圳全市规模以上计算机、通信和其他电子设备制造销售产值达到 2. 15 万亿元，2019 年深圳软件和信息服务业总收入超过 0. 722 万亿元；并推进工业智能化建设，发力“互联网+制造业”，从产品形态、销售渠道、服务方式、盈利模式等，不断打破原有业态，实现跨界融合；此外，强化产业协同集聚，大力推进产业集聚区建设。另外，深圳围绕创新型城市发展定位，强化全市研发投入力度，研发投入达本市 GDP 的近 5%，同时，深圳市积极推进孵化器、众创空间、智慧产业园、智慧园区、特色小镇等创新载体建设，如“南山智城”集聚新一代信息技术、人工智能、生物医药和大健康产业三大产业，建设成面向未来的科技产业园。以南山区为例，南山在 ICT 产业方面具有传统优势，孕育出华为、中兴、腾讯等一大批国内最为出色的 ICT 企业，并已形成了涵盖集成电路设计、通信设备、无线宽带路由、通信终端等领域的规模庞大的 ICT 产业集群，汇聚了敦泰科技、普联技术、海能达通信等大批国内领军企业。区内超级独角兽企业数量和独角兽企业全国占比仅次于中关村。其中，在南山区与前海深港合作区注册的独角兽企业数量分别占粤港澳大湾区独角兽企业总数的 42. 9%和 20. 1 %，企业估值分别占粤港澳大湾区总企业估值的 87. 1%和 32. 2%。

（四）数字经济人才储备遥遥领先

粤港澳湾区在优势行业具备非常丰富的劳动力储备，其中，在数字人才储备中，深圳居于粤港澳核心城市之首。2019 年，深圳的高水平人才占大湾区比重达到 28. 66%，分别超过第二位广州和第三位香港 2 个百分点和 5. 3 个百分点。数字人才更是高达 34. 78%，超过第二名香港 10 个百分点。按照各城市中数字人才占高水平人才的百分比来计算，粤港澳湾区的平均数字化程度为 26. 98%。其中，深圳的数字化水平达到 32. 9%，远高于其他城市。同时，深圳在粤港澳湾区各城市中人才吸引力最强的城市依然是深圳，高水平人才和数字人才流入/流出比均超过 2，是当之无愧的粤港澳大湾区数字经济的增长极。

（五）数字政府助力政府行政效率大幅度提升

深圳作为广东省“数字政府”综合改革试点城市之一，首先，不断深化“数字政府”改革建设工作，持续出台《深圳市“数字政府”综合改革试点方案》《深圳市深入推进审批服务便民化实施方案》等文件推进数字政府建设，建设了“i 深圳”APP 全面整合服务资源，实现多项政务服务掌上办。同时，组建优化营商环境改革工作领导小组办公室，强化营商环境优化工作，出台《深圳市人民政府印发关于加大营商环境改革力度若干措施的通知》《深圳市深化开办企业便利化改革工作方案》等推进优化营商环境。其次，注重智能协同管理，“城市运营管理中心”“龙岗智慧中心”等建设推动了治理数据汇聚分析和城市运行指挥联动；推进信用体系建设，信用深圳平台信息公开及时有效、互动查询功能完善。最后，在智能决策方面，建立深圳市金融风险监测预警平台、大数据监控预警平台等，利用大数据实现金融风险监管，打击食药、安全犯罪等。

（六）智慧民生建设成绩斐然

深圳市依托“i 深圳”和“粤省事”等智慧民生综合服务平台提供生活缴费、交通出行、税务办理、不动产登记、就医服务等丰富的服务，为市民提供便利。同时加强在交通、医疗、环保、社保等方面的数字化应用建设，在交通、医疗、环保以及社保等方面均实现了传统互联网和移动互联的全面覆盖，大幅度提升城市居民的便利度和幸福感。

四、国内外典型区域数字经济发展经验对中国各地区的启示

（一）精准识别本地产业创新与发展的核心驱动力，围绕其核心打造产业链和创新链，实现自动造血的“内循环”

硅谷经验主要依托本地著名高校群，围绕着激励高校创新和科技成果转化制定制度和构建投融资体系。柏林模式主要依赖高校主动对接数字企业需求，政府成立独立运行的第三方园区管理公司承担产学合作平台的媒介。深圳则成功践行了“政府引领、企业参与”的数字经济发展路径。南

宁也应当精准剖析自身数字产业驱动的核心推动力，在市场、高校和政府之间合理界定各自角色，做好数字经济发展的顶层设计，凝聚成为助推数字经济进入良性发展和加速发展的向心力。

（二）构建多方参与、安全高效的数字生态系统，鼓励公私合作合营模式促进广泛参与

美国和德国数字经济的大力发展均离不开公共部门（地方政府、高校、科研院所）和私营部门的密切配合，根据地方政府与大学科技园之间形成了多种有效的互动模式（宏观管理、直接管理、间接管理和组织协调等）。然而深圳数字产业、数字市场和数字政府三部门齐头并进、协同发展、相互促进，为构建多维度、全方位的城市数字生态系统奠定了坚实的发展基础。中国应更加密切多元化地联系，并逐渐过渡到间接管理和组织协调的角色，通过间接管理，如资金入股等方式，尊重创新创业活动的自主性；通过组织协调从第三方为创新创业培育良好外部条件，特别是涉及跨部门、跨层级和跨行业等管理瓶颈的协调。

（三）创建区域协同、信息共享的跨区合作平台

基于信息资源的网络效应，深圳在数字经济的发展过程中产生了带动其他地区经济快速发展的“飞轮效应”与“溢出效应”。数字经济的发展削弱了经济发展的时间和空间约束，有利于强化区域间的协同合作，推动区域的协调发展。作为数字化程度较高的中心城市，深圳应当强化核心引擎功能，整合中心和周边的联动作用，完善数字资源的对接，将“飞轮效应”从中心城市扩展到其余城市，提升“溢出效应”。

（四）重视中小企业并优先给予培育和资助

用前期投融资的方式来支持数字中小企业，重视产学研和市场力量的结合，特别是公私合营的模式。2019 年，德国有 1307 家中小企业位列世界“隐形冠军”，分别为美国和日本的 3.57 倍和 5.94 倍。德国从联邦政府到州政府均鼓励实施中小企业创新核心计划，平均每年资助 5 亿欧元用于扶持中小企业。德国弗劳恩霍夫研究协会还创造了“创新审计”的理念，并相应开发“创新卡片”的计量评价体系，对创业投资项目进行动态持续监控与评价，并提出管理决策和优化建议。

（五）充分释放高校/研究所的创新潜力

创新创业是数字技术进步的原动力，也是中国数字产业持续发展的核心竞争力，应当鼓励高校教育体系导向和科研院所加快重构，适应市场需要，设计与社会衔接紧密的教育和研究接口，避免高校/研究所科技创新与中国数字产业脱节。与此同时，德国经验表明，应当鼓励教授职业内容呈现多元化，参与创办研究所、开设公司等，合理保障个人与机构收入分配公平性，有力释放科研机构的创新积极性。

（六）建立和健全第三方智库辅助数字企业研发

德国企业创新的活力来自其科研架构的整体优势。从政府和议会，到德国研究联合会、博世基金会等大型咨询和资助机构，再到马普学会等公共科研机构及数百所高校、研究所，各个环节的主体各司其职，始终以企业创新为核心，提供不同层面的研发服务、资金支持或政策引导。应当借鉴德国经验，重视科技创新中介服务体系的构建和培育，建立自主创新能力评价指标体系，并在应用中不断认清创新创业机制体制，对体系进行修正和完善，为制度建设提供依据。

（七）完善数字硬件设施，同时大力营造适宜创新创业的软环境

首先，良好的硬件设施始终是数字经济发展和创新的前提条件。应当规划好科技创新中心，以发展知识与技术密集型产业为中心，持续扩大风险投资等创新投入，大力发展科技企业孵化器、众创空间，大力培育企业家和创新型中小企业，继续在全球范围内吸引高层次创新创业人才和创新创业机构，全面提升知识技术密集型行业人员的收入水平。其次，必须有适宜的创新环境，应当同时加快生态环境质量建设和城市生活娱乐休闲设施建设。从培养适宜创新的文化、打造优质的教育医疗等民生供给能力和高品质的娱乐休闲生活、打造法治化政府和竞争有序的市场规则入手，持续而系统地推进软环境建设。

第九章

主要结论与政策建议

第一节 主要结论

一、数字经济下全球价值链呈现区域化、复杂价值链收缩、数字平台驱动等驱动的趋势

在数字经济背景下，全球价值链的重构呈现三大典型特征：以近岸外包为主，再外包为辅的区域化趋势，复杂价值链收缩，以及以即时制供应链和数字平台为核心驱动力的治理结构变化。本成果分别从价值链治理理论的要素禀赋、投入产出结构、价值链治理和升级、地理距离、国内制度与相关政策五个维度分析数字经济影响全球价值链重构的理论机制。

二、数字经济下我国中小企业在价值链治理结构的升级路径遵循初始连接、全面发展、层级跃升和高水平参与四个阶段

我国中小企业沿价值链攀升面临高额固定成本和低端锁定风险，亟待将数字经济作为转型升级的新引擎和新动能。本成果通过梳理数字经济推进中小企业价值链升级的成本节约效应、价值创造效应、网络连接效应和价值链治理效应，刻画了数字经济促进中小企业价值链攀升的动态机制，包括四大阶段：初始连接阶段、全面发展阶段、层级跃升阶段和高水平参与阶段，最终升级成为掌握技术前沿、成熟实施模块化交易的价值链主导企业。

三、基于全球价值链治理体系的价值链驱动力、连接方式和规制三方面，构建数字经济下企业升级的动态演进路径

在数字经济下消费者驱动和生产者驱动转变为平台驱动，将线性价值链改造为围绕数字平台的闭环生态价值链；数字技术作为通用技术沿着价

值链中直接竞争渠道、上游渠道和下游渠道为非数字经济部门创造价值；制度规制的主要作用在于避免和缓解数字经济与价值链叠加带来的高度不平等趋势，为中小企业构建公平竞争的营商环境。

企业沿着价值链升级不是自发过程，需要在高额的学习投资成本、收益不确定性和升级可能性之间做权衡和取舍。因此，数字经济下企业沿价值链升级需要全球价值链（GVC）的外部学习机会、本地创新系统（IS）的吸纳能力和企业自身管理战略和技术能力（TC）配合共同实现。通过区分渐进式演进、跨越式演进、停滞和价值链降级四种演进路径，全面梳理了数字经济对企业价值链的传导带来的演化趋势。

第二节
相关政策建议

一、做好规划布局，加快构建高质量数字产业链

（一）打造数字产业化创新发展载体平台

目前，数字平台已成为新兴数字化市场，逐渐取代传统市场为消费者和生产者提供交易场所。一方面，价格作为“看不见的手”调节供求的功能也逐渐被算法取代。全球数字平台通过控制跨境数字贸易的交易数据，再利用算法对消费者需求进行分析和预测，指导供应商的生产行为，将从需求端推进全球价值链重构。另一方面，数字平台模块化治理和分层模式鼓励全球范围内的开源创新，从供给端促进传统行业数字化改造。数字平台通过程序开源和平台分层来实现创新渠道多样化，避免将创新的负担完全寄托在平台领导者身上。平台分层还促使平台与其子平台之间保持协调和互补，强化了价值链在全球范围内地理分裂的动力。

数字平台作为基于数字技术的新型市场，以企业指令方式承担市场职能，市场失灵和垄断加剧的风险增加。传统监管方式，如公开市场、最高限价、竞争性市场结构和垄断企业合谋调查等措施往往会失效。如何保障数据和平台在公平竞争的环境下持续创造价值是当前中国数字经济制度构

建的重中之重。

因此，中国应当构建保障数字市场规模和公平竞争的监管体系。首先，尽快明确数字平台的数字市场本质，扩大消费者剩余范畴来应对数字市场新型监管要求。数字平台以私营身份运营数字市场，数字商品具有免费商品属性，领导型数字平台也可能借助掠夺性定价方式通过低价逼退对手，传统的价格监管来限制垄断的方式可能失效。需要扩大消费者剩余的范畴，包括消费者隐私、个人数据保护、消费者选择、转换成本和锁定效应等，来考察数字市场是否因为寻租而伤害消费者福利。其次，保障在线交易的中小企业公平竞争。由于数字平台在价值链中的核心地位，依托于平台而交易的中小企业在价值链治理中缺乏话语权。平台可能通过算法等方式来控制数字市场供求，使得中小企业的利润受损，生存空间受到挤压，因此应当明确界定数字平台的网络效应，度量企业因为网络效应而导致的竞争压力。

（二）引入数字龙头企业，推进产业数字化体系建设

数字经济的发展需要强劲的本地网络集群来加以保障。如图 9-1 所示，数字经济下企业价值链演进系统包含三个维度：全球价值链中的数字领导企业（Global Value Chains，GVC）、本地创新系统（Invovation System，IS）和本地企业技术能力（Technology Capability，TC）。首先，全球价值链中的数字领导企业的技术能力和战略选择决定了价值链治理结构，并通过标准制定和直接投资成为本地企业的知识来源。其次，本地创新系统包括政府、研究机构、行业协会和制度环境，其相互作用和对外部冲击的反馈能力成为本国企业创新绩效的重要保障。最后，本地数字企业在价值链中升级的关键在于是否投资于学习的战略选择以及技能学习和维持稳定连接的能力。IS 和 GVC 是有助于积累和塑造公司资本的过程的机制。

本地数字企业在价值链创造之后要实现升级必须在升级所需的学习投资成本和不确定性风险以及可能的潜在收益之间进行权衡。根据演进系统的三大主体推导数字经济中非主导企业的四种升级路径。首先，渐进式升级是指在治理能力相对较高的大型中等收入国家中，当地 IS 具有先决条件并且价值链特征允许知识交互式学习时，企业通过自身学习和能力来实现。跨越式发展是 IS 或 GVC 较为发达，可以为企业升级提供引领或支持，另一者可以在发展过程中逐渐弥补时发生。停止是指 GVC 或 IS 始终无法

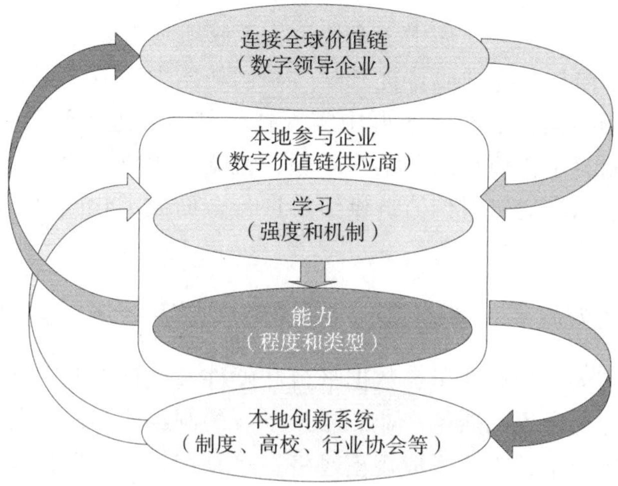

图 9-1 本地数字企业沿价值链升级的动态演化系统

资料来源：Lema. R.，C Pietrobelli，R. Rabellotti. Innovation in global value chains. Chapter 23. Handbook on Global Value Chains［M］. 2019. Eduard Elgar Publishing.

为企业升级提供助力时，企业将在现有价值链位置原地踏步。降级则是指领导企业需求降低，与 GVC 连接脱节或 IS 恶化，导致企业选择降级以维持现有收益或保证本地就业。

因此，应当充分借助现有国内数据平台和硬件设施建设龙头企业的先进技术和带动能力发展本地产业。具体做法可以积极与大数据产业中细分领域龙头企业进行接洽，以政策优惠或者成本优势吸引龙头企业或者其分支机构入驻本地园区，充分发挥龙头企业的带动作用，在某垂直细分领域快速打造增长极，围绕龙头企业的业务需求对全产业尤其是产业下游进行布局。以不同规模企业的培育作为政策目标。同时基于中小企业发展的切身难题为其提供政策支持，例如，资金支持、构建基础设施、打造便利化营商环境、帮助企业方便获取技术人才，以便帮助中小企业降低生产成本，提高生产效率。

鼓励中小企业深度参与数字领导企业主导的价值链中，实现价值链升级。中小企业沿价值链升级的第一阶段始于与价值链形成初始连接，数字平台充分发挥中介机构的匹配作用，帮助中小企业将业务整合到在线平台上，迈出开展国际业务的第一步。在第二阶段，中小企业应当准确聚焦细分领域的核心技能，实现垂直专业化的能力突破。因此，以数字平台为核心打造产业链生态闭环，使中小企业致力于核心业务塑造，深度嵌入生产网络。到第三阶段，企业亟待提升学习和创新能力，数字平台的网络效应打破原有市场结构，在产业集群中实现技术创新。进入到第四阶段之后，中小企业开始寻求价值链治理结构重塑，将竞争优势转化为贸易利得。在线平台和数字系统通过对价值链供给端进行全面数字化改进，将构建全新的利润增长模式。

（三）大力发展“新基建”，加速融入数字经济“内循环”

数字经济的细分产业里，数据平台和硬件基础设施是打造产业链的上游产业，也即通常说的瓶颈产业。瓶颈产业的制约将显著增加下游其他细分产业的固定成本，难以形成规模经济，将是初始发展阶段需要解决的核心问题。

构建高效的数字化基础设施，实现数字连通性全面升级。第一，全面铺设高效硬件和软件基础设施。加大政府主导的数字基础设施投资，突破数字技术的基础设施和瓶颈技术障碍，着重加强制造业领域数字技术投入力度。加速推进战略新兴产业领域基础设施的数字化进程，设立互联网交换点。允许建设竞争性电信和网络基础设施。第二，建设数字技术一体化框架工程。鼓励政府全面构建涵盖感知层、通信网络和计算存储资源的集约化新型智慧城市支撑体系，为建设新型智慧城市提供计算、存储、网络、数据采集等服务。

（四）推动数字产业细分领域重大科技项目落地

第一，打造数字产业发展基地和科技成果转化基地，充分利用区域内现有数字企业技术优势与政府展开深入合作，深入探索基于政府云数据进行大数据应用开发的可行性，设立专项资金培育一批垂直细分领域的创业孵化平台。第二，发布“高新”技术榜单，通过征集数字产业各领域重大需求，在实地调研的基础上，找到“痛点”，绘制技术榜单，瞄准重大需求，重点投入，大力投入，公开向全国以及全球征集技术解决方案，针对数字平台、大数据硬件设施等重点领域培育一批重大产业项目。第三，举办开放数字技术创新应用大赛。设立专项奖励资金举办大数据创新应用大赛，发现和发掘具有创新性和前瞻性的数据应用项目，并持续跟踪帮助其成功落地。

二、立足区位优势，打造开放数字市场

（一）夯实我国自贸试验区建设，加快探索建立内陆开放高地

牢牢把握全面开放和高质量开放战略目标，将南宁打造为内陆开放高地。第一，将要素优势转化为市场和制度优势，推动构建全面开放新格局。以自由贸易港和自由贸易试验区为抓手持续优化外商营商环境，打造一体化国内价值链。重点解决贸易壁垒过高问题，塑造国内一体化大市场优势，形成要素—供给—市场需求的叠加优势。第二，政府应当充分发掘制度改革红利，先行先试，发挥本地区土地空间广阔、资源价格低廉的优势，基于要素—制度叠加形成全新的比较优势。推动沿海传统制造业，包括沿海外商投资与传统制造业投资向中西部地区转移和集群，优化中国产业空间布局，从而将稳沿海与打造高质量一体化国内价值链的战略目标紧密结合起来。

（二）加快优化营商环境，构建区域性领导数字平台

数字经济具有网络效应，全球数字领导企业总部聚集于美国等发达国家，其具有技术先发优势和已经积累完成的庞大数据，并进一步通过标准制定和声誉加强领导地位。然而数字经济后发地区的数字企业则被迫依赖数字平台领导企业主导的价值链，缺乏核心数字技术和海量数据资源，难以独立开发符合本地需求的数字智能产品，进而拓展本地数字市场。

因此，中国应当基于现有产业基础，立足本地比较优势来合力发展数字平台，积累数据要素。面对全球领导型数字平台的先进技术、网络效应和标准制定的优势，需要探索本土数字平台企业发展的差异化路径。首先，中国政府应当牵头构建数字基础设施和生态系统，弥合数字鸿沟。应当牵头推进宽带与网络硬件设施的连通效率提升，通过优惠政策吸引数字龙头企业落户，带动本地中小数字企业共同打造区域型数字创新平台和生态系统。其次，利用平台分层先行突破数字应用层面的创新。发掘本地重点扶持的数字企业，鼓励本地企业基于领导型数字平台的开源标准来开发差异化的数字应用，满足中国企业数字化流程改造的需要。再次，在模块化价值链结构中深耕细分市场。在庞大数字市场的细分市场中不断培养本

地隐形冠军，鼓励具有数字技术优势的平台企业和传统行业龙头企业合作研发，加快数字技术对传统行业的渗透。

（三）加强协同创新，打造产城融合智慧型科技示范区

第一，协调好市场与政府之间的关系。通过各国和先进地区的数字经济发展可以看出，政府和市场均扮演了关键的角色。硅谷的数字经济发展是自下而上的，在市场机制下自发形成和发展成熟，美国完善的市场服务体系对硅谷成功起到了至关重要的作用。然而在产业发展初期，政府的顶层设计和适度合理的产业政策对于推动产业初始成型至关重要。然而伴随着产业发展成熟，产业发展将日益呈现出政府干预弱化，市场力量逐步增强的趋势。因此，无论是自发形成还是政府规划形成的科技园区，尽管其初始条件和驱动力不同，但是均呈现出市场机制和政府调控相融合的趋势。因此，中国在促进产城融合的发展过程中，一方面要充分发挥市场机制的作用，促进人才、资本、信息等创新资源的集聚和自由流动；另一方面也要发挥政府在基础设施投入和市场环境营造方面的积极作用。

第二，重视产业园区内部产城融合的发展。数字经济的发展关键要素依然是人力资本，科技园区的成败在很大程度上取决于对人才的竞争，更取决于对全球优秀人才的竞争。为了留住高水平人才，产城融合是正确的思路。然而产城融合最初均表现为园区内部城市功能的完善。首先体现在园区硬件环境上，园区内建有高档的住宅、豪华的酒店、大型购物中心、超现代化的基础设施等，这是科学园内部产城融合的基础，也是科学园演变为科学城的前提。其次体现在园区软件环境上，园区内不仅引进了一流的医疗、保健、教育、休闲娱乐等资源，还着重培养科学园特有的社会人文气息。通过着重解决园区“宜业不宜居”“产业网络发达而社群发育不足”等问题，以高端产业区域现代社区的有机结合而打造生活实验室（Living Lab），从而推动高水平人才聚集，推动中国自主创新能力不断提升。

三、发挥制度创新引领，推进数据要素自由化

（一）明确数字主权，将数据资源转化为数字资产

通过完善知识产权保护体系，鼓励数字企业的创新原动力，加快将数

据资源转化为数字资产。第一，畅通政府—企业沟通机制，确保数字企业技术创新主权。首先，健全与国内外权利人沟通渠道，完善创业创新生态链，为企业创新提供保姆式一条龙服务和最佳环境。充分调动国内外行业协会、商会、社会团体等机构的媒介作用，吸纳龙头企业与行业协会参与知识产权保护要情通报会，增加行业创新对沿海企业的透明度。尤其是针对合同密集型和知识密集型等新兴高技术产业打造一体式、便利化的营商环境，诸如按照产业链耦合环节建设线上线下业务办理平台，最大限度地为高技术沿海企业提供便利。其次，完善对知识产权保护的法律制度。各地政府应建立国外知识产权法律动态跟踪机制，对本地区沿海企业及时发布风险预警报告。增加对知识产权侵权行为的处罚力度，包括刑事指控与经济处罚措施。该处罚应当保证对沿海和内资企业均一视同仁，公平公正。

第二，出台配套人才优惠政策，吸引沿海企业将生产线转移至中西部内陆地区，充分发挥内陆人才成本低于沿海地区，吸引沿海企业将生产线拓宽到广大中西部地区。其次，拓宽沿海企业融资渠道，保障国外投资者和债权人权益。沿海企业除了通过公开发行股票、公司债券，银行贷款等传统商业性金融渠道筹集资金之外，还应当对符合政策鼓励行业以及企业申报条件的沿海企业享受与中国企业相同的政策性融资优惠，比如普惠金融、绿色金融、开放性金融、小微金融等，全方位保障沿海企业的融资便利性。

（二）创新数字技术合作开发体制，促进创新主体积极性

构建高效协同的创新系统机制，鼓励数字技术元创新。第一，鼓励数字核心技术和产业共性技术的元创新。建立政府—研究机构—企业良性互动的产学研一体化区域创新系统，构建多元化创新主体来分担研发风险。引导数字技术研发重点从应用技术转向产业共性技术。第二，建立健全知识保护制度体系开放创新前瞻计划，通过专属授权使得创新主体优先分享知识产权收益，提高创新主体参与研发的动力。制定技术预见的共性技术评价体系，实施结构性政策来确保数字产业创新链升级。第三，拓展数字科技融资模式。以 PPP 模式成立数字技术成果转化基金，对本地区发展有需求的数字科技成果进行重点项目资金支持；拓宽数字产业融资渠道，加强数字产业科教研发、创新创业基地与风险投资、私募基金、融资担保公司、证券公司等机构的合作交流，增强资金融通能力。

（三）构建校企联合培养机制，培养大规模数字技术通用人才

加快培养具备数字通用技术的人力资源。第一，鼓励数字技术作为基础技能列入高校培养标准。未来对数字技术人才的需求越来越大，仅靠企业培训和职业培训无法完全满足人才需求，因此，高校除了软件和计算机专业外，应当将数字技术作为通识培养目标，大规模培养兼具数字技术和专业技能的通才。第二，设立数字产业高层次人才专项通道，培养本地数字产业从业人员。全面建设高端人才宜居的软性基础设施，为技术领军人才提供住房安居、健康医疗、子女入学等“一站式”、精细化服务。联合数字企业、专业技术学校和职业培训机构，搭建数字产业人才交流和技术培训平台。鼓励数字企业委派工程师和技术人员到境内外进行同业交流或进修，给予相应政策支持。第三，创建青年数字科技人才交流学习项目。政府牵头鼓励企业与高校合作，协力打造数字产业科技研究院等开放式平台，大力引进国内外数字产业科技领军人才，培育本地数字科技青年人才。第四，持续加强政府公务人员数字技能培训。具备数字技能的政府公务人员能够更好地理解企业在数字化转型中的需求并提供政策支持，应当为打造数字政府培养技术性政务人才。

（四）建立健全大数据成果转化专项基金，拓展科技融资模式

一是以 PPP 模式成立大数据成果转化基金，将因资金限制造成大数据科技成果转化慢、无法转化，又对本地区发展有需求的科技成果进行重点项目资金支持，推动科技成果转化。二是加强大数据产业科教研发、创新创业基地与全国范围内的天使基金、私募基金、融资担保公司、证券公司等机构的合作交流，增强资金融通能力。三是建立统一的知识产权平台，引导科研创新从应用技术转向产业共性技术。开放创新前瞻计划，通过专属授权使得创新主体优先分享知识产权收益，提高创新主体研发动力。

四、推进中国数字经济发展的保障体系

（一）强化组织领导和责任担当

坚持党对一切工作的领导，充分发挥党总揽全局、协调各方的作用。

要把党的政治建设摆在首位，用习近平新时代中国特色社会主义思想武装南宁党员干部。着眼于健全加强党的全面领导的制度，优化党的组织机构。要创新发展数字经济的网络化协同机制，建立以政府为主导、以企业为主体、社会广泛参与、行业自律发展的协作协同机制和全方位组织工作体系，系统解决南宁数字经济发展中的政策实施、标准制定、项目安排、平台建设等领域的重点难点问题。

(二) 创新管理体制机制

中国要把开放创新与体制改革作为推动转型升级发展的“关键一招”，坚定不移地把全面深化改革进行到底，抓住重点领域关键环节破难题。要从构建具有国际竞争力的数字经济体系的高度，系统完善支撑数字经济发展的体制机制。要持续深入研究借鉴国内外数字经济发展的先进经验和成熟做法，加强中国数字经济发展促进办法，为数字经济企业参与国际竞争提供切实可行的制度保障。同时，要严格执法和规范监管，切实加大知识产权保护力度，保障市场主体的合法权益和创新动能；要加快完善政府与社会相结合的数字经济信用监督管理体系和信用信息数据库，完善信用信息共享和披露制度，加大失信行为联合惩戒力度；要加强数字产业标准体系建设，加大数字经济标准化试点工作，提高数字经济质量和水平；此外，还应研究制定数字经济统计体系建设，通过基础数据的全面跟踪更好地反映产业发展趋势和总体状况。通过创新管理体制机制，更好地维护数字经济市场竞争，营造有利于数字经济健康可持续发展的体制环境。

(三) 加大财税金融支持

加大资金扶持与财税支持。建立健全以财政投入为主的多渠道、多形式、多层次的数字经济发展资金筹措机制。通过争取增加财政预算、提高财政支出比例，调整财政支出结构、扩大转移支付以及引导社会资金进入等手段，拓宽投资融资渠道，通过金融创新、优惠政策落实、补贴机制建立等办法，不断拓展社会资金进入渠道，吸引更多社会资金投入数字经济发展行业领域。完善多层次资本市场体系，提高企业上市融资、债券融资等直接融资比重，加大企业上市培育力度，做大做强南宁上市企业。要加快建立数字经济引导资金，发挥财政杠杆效应，加大政府投资引导基金对数字经济的股权投资力度，带动社会资本投资数字经济重点发展领域和重大项目。通过综合运用专项扶持资金、股权投资、贷款贴息和事后奖励等多种方式，加大重点片区及专业集聚区的服务设施投入，支持科技金融、人工智能、文化创意、高端研发等数字经济关键领域、薄弱环节发展和公共服务平台建设。

（四）完善服务配套体系

建设数字经济发展示范区，离不开完善的服务配套体系支撑。服务保障体系建设应主要聚焦在政府支持服务体系、经济创新创业发展服务和民生保障等方面。加强政策引导，完善各类公共服务平台，着力建设和完善政府支持服务体系。要完善政府公共信息服务平台，向企业提供宏观政策环境、行业发展概况、市场最新行情、科技发展前沿、经济发展态势。政府部门应简政放权，强化政策支撑，建立政府部门的统一协调机制；要加快培育发展数字产业硬件设施。推进“大数据中心”和“城市云”数字平台建设。基于大数据海量多维的特征，坚持经济实用性、高可靠性、高安全性、绿色节能等原则，打造安全、可持续、具有示范效应和影响力的政务数据服务中心，进而开展大数据统一支撑体系、大数据互联互通体系、大数据智慧应用体系、大数据产业发展体系、大数据安全保障体系“五大工程”建设。

强化经济创新创业发展服务，一要提升孵化机构和众创空间服务水平，搭建大中小企业融通发展平台，深入推进工业互联网创新发展。完善“互联网+”创新创业服务体系，打造创新创业重点展示品牌，大力促进创新创业平台服务升级。二要引导金融机构有效服务创新创业融资需求，充分发挥创业投资支持创新创业作用。拓宽创新创业直接融资渠道，完善创新创业差异化金融支持政策，进一步完善创新创业金融服务。三要打造具有全球影响力的科技创新策源地，培育创新创业集聚区，发挥“双创”示范基地引导示范作用，推进创新创业国际合作，加快构筑创新创业发展高地。四要强化创新创业政策统筹，细化关键政策落实措施，做好创新创业经验推广，切实打通政策落实“最后一公里”。

（五）夯实高端人才基础

坚持把培养和引进国际化高端人才作为数字经济“人才战略”的重要组成部分，构建多层次的国际高端人才培训和引入机制。要鼓励设立数字经济发展高端研究机构，打造吸引高层次人才的平台和载体。要加大力度促进高端人才柔性流动，消除区域、行业等壁垒桎梏，探索适合数字经济发展的人才激励机制，对符合条件的国际高层次人才及其配偶、子女申请多次往返签证或居留许可，按规定快速办理。积极申请在加强人员流动、资格互认、标准化等方面的国际磋商与合作；要实施更加开放包容的人才政策，通过多种途径和形式搭建平台，为跨国经营管理人才工作成长、创业创新提供培训和服务。可通过引入国内高端智库机构，整合国家商务主管部门智库机构、高校与科研院所，以及相关重点企业资源，成立服务于理论研究与实践指引的研究中心。

此外，还要发挥评价激励机制引导作用，为人才发展保驾护航。要实现高质量发展，关键在人。然而科学准确地评价人才是使用、吸引和培养人才的重要前提，人才评价激励应从“头衔”向“贡献”过渡，应改变以往的以数量为标准的评价体系，变为以质量为标准的人才评价体系。打破年龄、资历等因素的限制，以人才的实际贡献作为人才评价的标杆，建立以岗位职责要求为基础，以品德、能力和业绩为导向，符合各类人才特点的评价标准。中国要抓住“强首府”建设历史机遇，借势深港融合契机，建成数字经济发展示范区，必须有科技人才支撑，要积极引导科技人才向关键行业、重点企业、科研和生产一线聚集，实现人才与岗位的最佳组合，并在不断优化组合中使人才资源布局更为科学合理；打破体制性障碍，完善人才市场服务体系，实现人才的流动和重组，促进人才在区域、产业、行业的合理分布和良性循环。

参考文献

[1] Acemoglu D, Restrepo P. Automation and New Tasks: How technology displaces and reinstates labor [J]. Journal of Economic Perspectives, 2019, 33 (2): 3-30.

[2] Acemoglu D, Restrepo P. The race between man and machine: Implications of technology for growth, factor shares, and employment [J]. American Economic Review, 2018, 108 (6): 1488-1542.

[3] Alfaro L, Antràs P, Chor D, Conconi P. Internalizing Global Value Chains: A Firm-Level Analysis [J]. Journal of Political Economy, 2019, 127 (2): 508-559.

[4] Allcott H, Braghieri L, Eichmeyer S, Gentzkow M. The Welfare Effects of Social Media [J]. American Economic Review, 2020, 110 (3): 629-676.

[5] Antràs P, Chor D. On the measurement of upstreamness and downstreamness in global value chains [J]. NBER Working Paper No. 24185, 2018.

[6] Antràs P, Chor D. Organizing the Global Value Chain [J]. Econometrica, 2013, 81 (6): 2127-2204.

[7] Antràs P. Firms, contracts, and trade structure [J]. Quarterly Journal of Economics, 2003, 118 (4): 1375-1418.

[8] Antràs P, Fort T, Tintelnot F. The margins of global sourcing: Theory and evidence from U. S. firms [J]. American Economic Review, 2017, 107 (9): 2514-2564.

[9] Antràs P, Gortari A D. On the geography of global value chains [J]. Econometrica, 2020, 88 (4): 1553-1598.

[10] Antràs P, Gortari A D. On the geography of global value chains [J]. NBER Working Paper No. 23456, 2017.

[11] Antràs P, Helpman E. Global sourcing [J]. Journal of Political Economy, 2004, 112 (3): 552-580.

[12] Arkolakis C, Costinot A, Rodríguez-Clare A. New trade models, same old gains? [J]. American Economic Review, 2012, 102 (1): 94-130.

[13] Asia Pacific MSME Trade Coalition (AMTC). Micro-Revolution: The new stakeholders of trade in APAC [R]. AMTC: Singapore, 2018.

[14] Atkinson R D, Stewart L A. Just the facts: The economic benefits of information and communications technology [J]. Information Technology & Innovation Foundation. Washington, DC, 2013.

[15] Autor D, Dorn D, Hanson G H. The geography of trade and technology shocks in the United States [J]. American Economic Review, 2013, 103 (3): 220-225.

[16] Baldwin R E, R Forslid. Trade liberalization with heterogeneous firms [J]. Review of Development Economics, 2010, 14 (2): 161-176.

[17] Baldwin R, Forslid R. Globotics and development: When manufacturing is jobless and services are tradable [J]. CEPR Discussion Paper No. DP14293, 2019.

[18] Baldwin R. The globotics upheaval: Globalization, robotics, and the future of work [M]. Oxford: Oxford University Press, 2019.

[19] Baldwin R, Venables A. Spiders and snakes: Offshoring and agglomeration in the global economy [J]. Journal of International Economics, 2013, 90 (2): 245-254.

[20] Bas M, Paunov C, Rodriguez E. Market concentration, volatility and executive pay [M]. Montemayor, 2017.

[21] BCC Research Staff. Internet of Things (IoT) Markets: A Global Outlook [R/OL]. BCC Research, 2019. http: //www. researchgate. net/publication/1341848194_ Internet_ of_ Things_ IOT_ A_ survey.

[22] Benzell S, Brynjolfsson E. Digital Abundance and Scarce Genius-Implications for Wages, Interest Rates, and Growth [J]. NBER Working Paper No. 25585, 2019.

[23] Bernard A, Jensen J. Exceptional exporter performance: cause, effect, or both? [J]. Journal of International Economics, 1999, 47 (1): 1-25.

[24] Brouthers K, Geisser K, Rothlauf F. Explaining the internationalization of ibusiness firms [J]. Journal of International Business Studies, 2016, 47 (5): 513-534.

[25] Brynjolfsson E, Collis A, Diewert E, Eggers F, Fox K. Measuring the impact of free goods on real household consumption [J]. AEA Papers and Proceedings, 2020, 5 (110).

[26] Brynjolfsson E, Collis A, Diewert W, Eggers F. The digital economy, GDP and consumer welfare: Theory and evidence [J]. NBER Working Paper, 2018.

[27] Brynjolfsson E, Collis A. How should we measure the digital economy? [J]. Harvard Business Review, 2019, 11-12: 140-149.

[28] Brynjolfsson E, Hui X, Liu M. Does machine translation affect international trade? Evidence [J]. Management Science, 2019, 65 (12): 5449-5956.

[29] Brynjolfsson E, Hu Y, Smith M D. Consumer surplus in the digital economy: Estimating the value of increased product variety at online booksellers [J]. Management Science, 2003, 49 (11): 1445-1615.

[30] Brynjolfsson E. J H Oh. The attention economy: measarmy the vatue of free digital services on the Internet [C]. ICIS Conference Paper, 2012, 9: 1-35.

[31] Brynjolfsson E, Mcelheran K. Data in Action: Data-driven decision making and predictive analytics in U. S. manufacturing [J]. SSRN 3422397, 2019.

[32] Brynjolfsson E, Rock D, Syverson C. Artificial intelligence and the modern productivity paradox: A clash of expectations and statistics [J]. NBER Working Paper No. 24001, 2017.

[33] Buffington C, Foster L, Jarmin R. The Management and Organizational Practices Survey (MOPS): An overview [J]. Journal of Economic and Social Measurement, 2017, 42 (1): 1-26.

[34] Bukht R, Heeks R. Defining, conceptualising and measuring the digital economy [J]. Development Informatics Working Paper, 2017.

[35] Business Insider Intelligence Research Group. 2018 Global IoT Execu-

tive Survey [R/OL]. Business Insider Intelligence, 2018.

[36] Butollo F. Digitalization and the geographies of production: Towards reshoring or global fragmentation? [J]. Competition & Change, 2020, 4: 1-20.

[37] Byrne D, Corrado C. Accounting for Innovation in Consumer Digital Services-IT Still Matters [J]. NBER Working Paper No. 26010, 2019.

[38] Campbell J, Goldfarb A, Tucker C. Privacy regulation and market structure [J]. Journal of Economics and Management Strategy, 2015, 24 (1): 47-73.

[39] Chesbrough H, Vanhaverbeke W, West J. Open innovation: Researching a new paradigm [M]. Oxford: Oxford University Press, 2006.

[40] Cirera X, Maloney W F. The innovation paradox: Developing-country capabilities and the unrealized promise of technological catch-up [R/OL]. International Bank for Reconstruction and Development, 2017. https://www.scirp.org/reference/ReferencesPapers.aspx? ReferenceID=25….

[41] Costinot A, Rodríguez-Clare A. Trade Theory with Numbers: Quantifying the Consequences of Globalization [M] // Handbook of International Economics, Amsterdam: Elsevier Science Ltd, 2014: 197-261.

[42] Couture V, Faber B, Gu Y, Liu L. Connecting the Countryside via E-Commerce-Evidence from China [J]. NBER Working Paper No. 24384, 2018.

[43] Cusolito A, Safadi R, Taglioni D. Inclusive global value chains: Policy options for small and medium enterprises and low-income countries [M]. Washington, DC: World Bank, 2016.

[44] Cusolito A, Safadi R, Taglioni D. Inclusive global value chains: Policy options for small and medium enterprises and low-income countries [R/OL]. World Bank Group, 2016.

[45] Czernich N, Falck O, Kretschmer T, Woessmann L. Broadband infrastructure and economic growth [J]. CESifo Working Paper No. 2861, 2009.

[46] Digital Policy Playbook 2017: Approaches to National Digital Governance [R]. World Economic Forum, 2017.

[47] Dolfen P, Einav L, Klenow P, Klopack B, Levin J. Assessing the Gains from E-Commerce [J]. NBER Working Paper No. 25610, 2019.

[48] Dollar D, Ganne E, Stolzenburg V, Wang Z. Global value chain development report: Technological innovation, supply chain trade, and workers in a globalized world [R/OL]. World Trade Organization, 2019.

[49] Eaton J, Kortum S. Trade in goods and trade in services [M] // Yan L, Yu M. World Trade Evolution Growth, Productivity and Employment. NewYork: Routledge, 2018.

[50] Escaith H, Inomata S. Geometry of global value chains in East Asia: the role of industrial networks and trade policies [J]. Global Value Chains in a Changing World. WTO/FGI/TFCTN, 2013.

[51] Fally T, Hillberry R. A Coasian model of international production chains [J]. World Bank Working Paper, 2015.

[52] Fally T. Production staging: measurement and facts [J]. Researchgate Working Paper, 2012.

[53] Ferencz J. The OECD digital services trade restrictiveness index [J]. OECD Trade Policy Papers, 2019.

[54] Fernandes A M, A Mattoo, Nguyen H, Marc Schiffbauer. The internet and Chinese exports in the Pre-AliBaba Era [J]. Policy Research Working Paper 8262, World Bank, Washington, DC, 2017.

[55] Fernandes A M, Kee H L, Winkler D. Determinats of global value chain participation: Cross-country evidence [J]. Policy Research Working Paper 9197, World Bank, Washington, DC, 2020.

[56] Ferracane M F, Marel E V D. Do data flows restrictions inhibit trade in services? [J]. ECIPE DTE Working Paper Series, 2018.

[57] Fieler A, Eslava M, Xu D. Trade, quality upgrading, and input linkages-theory and evidence from Colombia [J]. American Economic Review, 2018, 108 (1): 109-146.

[58] Frank A G, Dalenogare L S, Ayala N F. Industry 4.0 technologies: Implementation patterns in manufacturing companies [J]. International Journal of Production Economics, 2019, 210: 15-26.

[59] Fraumeni B, Jorgemon D. Rates of Return by Inaustrial sector in the United States, 1948-1976 [J]. The Americay Econonuic Reviaw, 1980, 70 (2): 326-330.

[60] Freund C L, Weinhold D. The effect of the Internet on international trade [J]. Journal of international economics, 2004, 62 (1): 171-189.

[61] Gereffi G, Fernandez-Stark K. Global value chain analysis: A primer [M] // Ponte S. Gereffi G. Raj-Reichert G. Handbook on Global Value Chains, Cheltenham: Edward Elgar, 2019.

[62] Gereffi G, Humphrey J, Sturgeon T. The governance of global value chains [J]. Review of international political Economy, 2005, 12 (1): 78-104.

[63] Goldfarb A, Tucker C. Digital Economics [J]. Journal of Economic Literature, 2019, 57 (1): 3-43.

[64] Gordon B, Zettelmeyer F, Bhargava N, Chapsky D. A comparison of approaches to advertising measurement: Evidence from big field experiments at facebook [J]. Marketing Science, 2019, 38 (2): 193-364.

[65] GSMA. The Mobile economy report 2016 [R]. GSMA Group, 2016.

[66] Guellec D, C Paunov. Digital innovation and the distribution of income [J]. NBER working paper No. 23987, 2017.

[67] Hampton K, Wellman B. Neighboring in Netville: How the internet supports community and social capital in a wired suburb [J]. City & Community, 2003, 2 (4): 277-311.

[68] Huawei & Oxford Economics. Digital Spillover. Measuring the true impact of the Digital Economy [R/OL]. Shenzhen: Huawei Technologies, 2017. http://www. huawei. com/minisite/gci/en/digital-spillover/files/gci_digital_spillover. pdf.

[69] Humphrey J, Schmitz H. How does insertion in global value chains affect upgrading in industrial clusters? [J]. Regional studies, 2002, 36 (9): 1017-1027.

[70] Inomata S. A new measurement for international fragmentation of the production process: an international input-output approach [J]. IDE Discussion Papers 175, 2008.

[71] International Trade Centre (ITC). New Pathways to E-Commerce: A Global MSME Competitiveness Survey [R]. Geneva: ITC, 2017.

[72] Jo Y, Matsumura M, Weinstein D. The Impact of E-Commerce on Relative Prices and Consumer Welfare [J]. NBER Working Paper No.

26506, 2019.

[73] Kaplinsky R. Rents and inequality in global value chains [J] // Ponte S, Gereffi G, Raj-Reichert G. Handbook on Global Value Chains. Cheltenham: Edward Elgar, 2019.

[74] Karlan D, Kendall J, Mann R, Pande R, Suri T. Research and impacts of digital financial services [J]. NBER Working Paper No. 22633, 2016.

[75] Katz L F, Krueger A B. The rise and nature of alternative work arrangements in the United States, 1995-2015 [J]. NBER working paper. No. 22667, 2016.

[76] Kee H L, Tang H. Domestic value added in exports: Theory and firm evidence from China [J]. American Economic Review, 2016, 106 (6): 1402-1436.

[77] Koopman R, Wang Z, Wei S J. Tracing value-added and double counting in gross exports [J]. American Economic Review, 2014, 104 (2): 459-494.

[78] Koutroumpis P. The economic impact of broadband on growth: A simultaneous approach [J]. Telecommunications policy, 2009, 33 (9): 471-485.

[79] Lanz M, Lobov A, Katajisto K, Mäkelä P. A concept and local implementation for industry-academy collaboration and life-long learning [J]. Procedia Manufacturing, 2018, 23: 189-194.

[80] Laplume A. Peterson B, Pearce J. Global value chains from a 3D printing perspective [J]. Journal of International Business Studies, 2016, 47: 595-609.

[81] Lema R, Pietrobelli C, Rabellotti R. Innovation in global value chains [J]. Ponte S, Gereffi G, Raj-Reichert G. Handbook on Global Value Chains. Cheltenham: Edward Elgar, 2019.

[82] Lewis R, Rao J M. The unfavorable economics of measuring the returns to advertising [J]. Quarterly Journal of Economics, 2015, 130 (4): 1941-1973.

[83] Libert B, Beck M, Wind J. The network imperative: How to survive and grow in the age of digital business models [M]. Boston, Massachusetts:

Harvard Business Review Press, 2016.

[84] Lund S, Manyika J, Woetzel J, Bughin J, Krishnan M. Globalization in transition: The future of trade and value chains [J]. McKinsey Global Institute working paper, 2019.

[85] Mariscal A, Taglioni D. GVCs as a source of firm capabilities [R]. Washington, DC: World Bank, 2017.

[86] McAfee A, Brynjolfsson E. Big data: the management revolution [J]. Harvard Business Review, 2012 (10): 1-9.

[87] McKinsey Global Institute. Globalization in transition: The future of trade and value chains [R/OL]. New York: Mc Kinsey, 2019.

[88] Melitz M, Redding S. Missing gains from trade? [J]. American Economic Review Papers & Proceedings, 2014, 104 (5): 317-321.

[89] Meng B, Fang Y, Guo J, Zhang Y. Measuring China's domestic production networks through Trade in Value-added [J]. Economic Systems Research, 2017, 29 (1): 48-65.

[90] Milojevic D M. igital Industrial Transformation with the Internet of Things: How can European companies benefit from IoT? [R/OL]. Accenture, 2017.

[91] Murphy J, Carmody P. Africa's information revolution: technical regimes and production networks in South Africa and Tanzania [M]. GBS-IBG Book Series Editors, 2015.

[92] Newman P. The Internet of Things 2020 [R/OL]. Business Insider Intelligence, 2020.

[93] Organization for Economic Co-operation and Development (OECD). SME and Entrepreneurship Outlook [R]. OECD Working Party on SMEs and Entrepreneurs, 2018: 10-11.

[94] OUP. Digital Economy [R/OL]. Oxford, UK: Oxford Dictionary, Oxford University Press, 2017. https: //en. oxforddictionaries. Com / definition/ digital_ economy.

[95] Panagiotou G. The iapa of managerial cognition on the structare-conduo-performance (SCP) paradigm [J]. Managent Desicion, 2006, 44 (3): 423-441.

[96] Parker C, Ramdas K, Savva N. Is IT Enough? Evidence from a natural experiment in india's agriculture markets [J]. Management Science, 2016, 62 (9): 2481-503.

[97] Pisch F. Managing Global Production: Theory and evidence from just-in-time supply chains [J]. SEPS Discussion Papers, 2020.

[98] Piveteau P, Smagghue G. Estimating firm product quality using trade data [J]. Journal of International Economics, 2019, 118 (5): 217-232.

[99] Ponte S., G. Gereffi, and G. Raj-Reichert. Handbook on global value chains [M]. 2019. Elgarblog.

[100] Ponte S, Timothy J, Sturgeon T, Dallas M. Governance and power in global value chains [M] // Ponte S, Gereffi G, Raj-Reichert. Handbook on Global Value Chains. Cheltenham: Edward Elgar, 2019.

[101] Propris D L, Pegoraro D. Technological disruptions and production location choices [J]. The Changing Strategies of International Business, 2019, 1: 221-240.

[102] Quan T, Williams K. Product variety, across-market demand heterogeneity, and the value of online retail [J]. The RAND Journal of Economics, 2018, 49 (4): 877-913.

[103] Rüttimann B G, Stöckli M T. Lean and Industry 4.0—twins, partners, or contenders? A due clarification regarding the supposed clash of two production systems [J]. Journal of Service Science and Management, 2016, 9 (6): 485-500.

[104] Sako M and E Zylberberg. Firm-level strategy and global value chains [M]. Chapter 21 from Handbook on Global Value Chains. Edited by Stefano Ponte, Gary Gereffi, and Gale Raj-Reichert. 2019. Elgarblog.

[105] Sako M, Zylberberg E. Firm-level strategy and global value chains [M] // Ponte S, Gereffi G, Raj-Reichert G. Handbook on Global Value Chains. Cheltenham: Edward Elgar, 2019.

[106] Samek W, Wiegand T, Müller K. Explainable artificial intelligence: understanding, visualizing and interpreting deep learning models [J]. ITU Journal: ICT Discoveries, 2017, 1 (1): 1-10.

[107] Schneidemesser L. Die New Manufacturing Initiative von Alihaha, Ini-

tiative [M] // IG Metall Monitoring during Digitalisierung in China Ausgabe, 6. Frankfurt: IG Metall, 2019.

[108] Sinai T, Waldfogel J. Geography and the internet: Is the internet a substitute or a complement for cities? [J]. Journal of Urban Economics, 2004, 56 (1): 1-24.

[109] Stiebale J, Vencappa D. Acquisitions, markups, efficiency, and product quality-Evidence from India [J]. Journal of International Economics, 2018, 112 (5): 70-87.

[110] Sturgeon T. Upgrading strategies for the digital economy [J]. Global Strategy Journal, 2019 (10).

[111] Tambe P, Hitt L M, Rock D, Brynjolfsson E. IT, AI and the growth of intangible capital [J]. SSRN Working Paper, 2019.

[112] Taylor, Gurtis R. Consumer privacy and the market for customer information [J]. RAND Journal of Economics, 2004, 35 (4): 631-650.

[113] Tyazhelnikov V. Production clustering and offshoring [J]. Mimeo, 2016.

[114] UNCTAD. World Investment Report 2017: Investment and Digital Economy [R/OL]. United Nations Publication: Geneva, 2017. https: //www. scirp. org/refevencesPapers. aspx? PeferenceID=22···.

[115] UNCTAD. World investment report 2017: Investment and the digital economy [R]. Geneva: United Nations Publishing, 2017.

[116] Wang Z, Wei S J, Yu X D, et al. Characterizing global value chains: Production length and upstreamness [J]. NBER Working Paper, 23261, 2017.

[117] Wang Z, Wei S J, Yu X D, et al. Measures of participation in global value chains and global business cycles [J]. NBER Working Paper, 23222, 2017.

[118] Wang Z, Wei S J, Yu X, Zhu K. Characterizing Global Value Chains [J]. Standford Center Working Paper, 2016 (578).

[119] WDR Team. World development 2020: Trading for development in the age of global value chains [R/OL]. World Bank Group, 2019. https: // www. worldbank. org/en/publication/wdr2020.

[120] Werner M, Bair J. Global value chains and uneven development: a disarticulations perspective [M] // Ponte S, Gereffi G, Raj-Reichert G. Handbook on Global Value Chains. Cheltenham: Edward Elgar, 2019.

[121] World Bank. World development report 2016: Digital dividends [R/OL]. World Bank Group, 2016. https://www.worldbank.org/en/publication/wdr2016.

[122] World Trade Organization (WTO). World Trade Report 2016: Levelling the playing field for SMEs [R]. Geneva: WTO, 2016.

[123] WTO. Global value chain development report 2019 [R] // World Trade Organization. Technological Innovation, Supply Chain Trade, and Workers in a Globalized World. Switzerland: Geneva, 2019.

[124] WTO. World Trade Report 2019: The future of services trade [R/OL]. World Trade Organization Annual Publication, 2019.

[125] Wu X, Gereffi G. Amazon and alibaba: Internet governance, business models, and internationalization strategies [J]. Progress in International Business Research, 2018, 13: 327-356.

[126] Ye M, Meng B, Wei S J. Measuring smile curves in global value chains [J]. IDE Discussion Paper No. 530, 2015.

[127] Y H. Targeted Search and the long tail effect [J]. RAND Journal of Economics, 2013, 44 (4): 733-756.

[128] 蔡跃洲. 数字经济的增加值及贡献度测算：历史沿革、理论基础与方法框架 [J]. 求是学刊, 2018, 5: 65-71.

[129] 陈万灵，郑春生. 中国高等教育发展报告（2019）[M]. 北京：社会科学文献出版社, 2020.

[130] 陈旭，邱斌，刘修岩，李松林. 多中心结构与全球价值链地位攀升：来自中国企业的证据 [J]. 世界经济, 2019, 8: 72-96.

[131] 何大安. 互联网应用扩张与微观经济学基础——基于未来“数据与数据对话”的理论解说 [J]. 经济研究, 2018, 8: 177-192.

[132] 何帆，刘红霞. 数字经济视角下实体企业数字化变革的业绩提升效应评估 [J]. 改革, 2019, 4: 137-148.

[133] 洪俊杰，商辉. 中国开放型经济的“共轭环流论”：理论与证据 [J]. 中国社会科学, 2019, 1: 42-64.

［134］蒋训林. 我国信息技术专业的投入产出分析［J］. 科技情报开发与经济，2008，9：56-58.

［135］来有为，宋芳秀. 数字贸易国际规则制定：现状与建议［J］. 国际贸易，2018，12：54-57.

［136］李捷，余东华，张明志. 信息技术、全要素生产率与制造业转型升级的动力机制——基于“两部门”论的研究［J］. 中央财经大学学报，2017，9：67-78.

［137］林桂军，何武. 中国装备制造业在全球价值链的地位及升级趋势［J］. 国际贸易问题，2015，4：3-15.

［138］林毅夫，巫和懋，邢亦者. “潮涌现象”与产能过剩的形成机制［J］. 经济研究，2010，10：4-19.

［139］刘斌，魏倩，吕越，祝坤福. 制造业服务化与价值链升级［J］. 经济研究，2016，3：151-162.

［140］刘业政，孙见山，姜元春，陈夏雨，刘春丽. 大数据的价值发现：4C 模型［J］. 管理世界，2020，2：129-138.

［141］吕越，罗伟，刘斌. 异质性企业与全球价值链嵌入：基于效率和融资的视角［J］. 世界经济，2015，8：29-55.

［142］毛其淋，许家云. 贸易自由化与中国企业出口的国内附加值［J］. 世界经济，2019，1：3-25.

［143］裴长洪，倪江飞，李越. 数字经济的政治经济学分析财贸经济，2018，9：5-22.

［144］沈国兵，袁征宇. 企业互联网化对中国企业创新及出口的影响［J］. 经济研究，2020，1：33-48.

［145］孙新波，钱雨，张明超，李金柱. 大数据驱动企业供应链敏捷性的实现机理研究［J］. 管理世界，2019，9：133-151.

［146］谭用，孙浦阳，胡雪波，张为付. 互联网、信息外溢与进口绩效：理论分析与经验研究［J］. 世界经济，2019，12：77-98.

［147］王梦菲，张昕蔚. 数字经济时代技术变革对生产过程的影响机制研究［J］. 经济学家，2020，1：52-58.

［148］王勇，刘航，冯骅. 平台市场的公共监管、私人监管与协同监管：一个对比研究［J］. 经济研究，2020，3：148-162.

［149］王直，魏尚进，祝坤福. 总贸易核算法：官方贸易统计与全球

价值链的度量［J］. 中国社会科学, 2015, 9: 108-127.

［150］魏艳秋, 和淑萍, 高寿华. "互联网 +" 信息技术服务业促进制造业升级效率研究——基于 DEA-BCC 模型的实证分析［J］. 科技管理研究, 2018, 17: 195-202.

［151］吴伟华. 我国参与制定全球数字贸易规则的形势与对策［J］. 国际贸易. 2019, 6: 55-60.

［152］谢富胜, 吴越, 王生升. 平台经济全球化的政治经济学分析［J］. 中国社会科学, 2019, 12: 62-81.

［153］曾繁华, 刘淑萍. "互联网+" 对中国制造业. 升级影响的实证检验［J］. 统计与决策, 2019, 5: 124-127.

［154］张柏杨. 市场结构、经济福利与反垄断政策——以中国工业行业为例［J］. 经济评论, 2015, 9: 48-58.

［155］张杰, 郑文平. 全球价值链下中国本土企业的创新效应［J］. 经济研究, 2017, 3: 151-165.

［156］张勋, 万广华, 张佳佳, 何宗樾. 数字经济、普惠金融与包容性增长［J］. 经济研究, 2019, 8: 71-86.

［157］赵云辉, 张哲, 冯泰文, 陶克涛. 大数据发展、制度环境与政府治理效率［J］. 管理世界, 2019, 11: 119-132.

［158］中国通信研究院. 中国数字经济发展白皮书 2017［R/OL］. 2017. http: //www. cbdio. com/Bigdata/2017-07/14/content5557896. htm.

［159］中国信息通信研究院. 中国数字经济发展白皮书（2020 年）［R/OL］. 2020. http: //www. aii-alliance. org/index. php? m = content&c = index&a = document_ download&ftype = 3&fid = 1668&fno = 0.